구석기 시대 대표 유물 주먹도끼와 관련해
문제에 잘 나오는 핵심 단어

- 뗀석기
- 사냥
- 이동생활
- 채집어로
- 동굴막집
- 나뭇잎 가죽옷

주먹도끼
구석기 시대에 사용된 뗀석기 가운데 하나로, 손에 쥐고 도끼처럼 사용할 수 있었어.

신석기 시대 대표 유물 갈돌, 갈판과 관련해
문제에 잘 나오는 핵심 단어

- 간석기
- 농사 사냥
- 정착
- 목축 채집 어로
- 움집
- 실로 꿰맨 가죽옷

갈돌과 갈판
위에 작고 긴 것이 갈돌이고 아래 평평하고 큰 것이 갈판이야. 갈판 위에 딱딱한 견과류나 곡식을 올려 놓고 갈아서 껍데기를 벗겨 가루를 냈지.

구석기 시대의 또 다른 대표 유물 슴베찌르개
주먹도끼처럼 생겼지만 크기가 작으면서 앞부분은 뾰족하고 뒷부분은 좁고 길어. 뒷부분을 자루와 연결해 창을 만들었어. 자루와 연결하기 위해 좁고 길게 만든 부분을 슴베라고 해.

신석기 시대 또 다른 대표 유물 빗살무늬 토기
우리나라 신석기 시대의 대표적인 토기로 표면에 빗살무늬가 새겨져 있어. 음식을 저장하거나 조리하는 데 사용한 것으로 보여.

직립 인류 등장

- 찍개와 주먹도끼를 만들어 사용했고, 불로 음식을 익혀 먹었어요. 또 힘을 합쳐 사냥을 했고 언어를 통해 의사 소통을 했어요.

호모 에렉투스
▲ 기원전 180만 년경

- 현생 인류와 가장 가까운 인류의 조상. 주먹도끼를 더욱 정교하게 만들 수 있었고, 죽은 이를 땅에 묻어 주는 매장 풍습이 시작되었어요.

슬기로운 인류 등장

호모 사피엔스
▲ 기원전 20만 년경

구석기 시대
▲ 기원전 100만 년경

현생 인류 등장

호모 사피엔스 사피엔스
▲ 기원전 4만 년경

- 돌뿐만 아니라 뼈로 다듬어 낚싯바늘이나 작살을 만들어 물고기를 잡았어요. 또 동굴 벽에 자신들이 사냥하는 동물을 그려놓고 사냥의 성공을 기원했어요.

신석기 시대
▲ 기원전 8000년경

문명 발생
▲ 기원전 3500년경

가락바퀴
신석기 시대에 실을 만들 때 사용한 도구야. 가운데 뚫려 있는 구멍 보이지? 실을 감는 막대기인 '가락'을 그 구멍에 끼우고 나무나 풀 줄기를 감아 돌리면 실이 만들어져.

- 호모 에렉투스가 한반도에 도착하면서 한반도에서 구석기 시대가 시작됐어요.

한반도 구석기 시대 시작
▲ 기원전 70만 년경

신석기 시대
▲ 기원전 8000년경

구석기 사람들의 생활
주먹도끼를 사용하고 먹을 것을 찾아 작은 무리를 지어 떠돌며 살았어요. 동굴이나 바위 그늘, 막집에서 생활했고 옷은 나뭇잎이나 짐승 가죽으로 만들어 입었어요.

신석기 사람들의 생활
돌보습 돌괭이로 농사를 짓고 가축도 길렀어요. 강가나 바닷가에 모여 움집을 짓고 정착해 살았어요. 갈판과 갈돌로 곡식의 껍질을 벗기고 토기를 만들어 조리하거나 곡식을 저장했어요. 또 가락바퀴를 이용해 실을 뽑아 옷을 만들어 입었어요.

단양 금굴
충청북도 단양에 있는 가장 오래된 구석기 문화 유적으로 당시 사람들이 살았던 흔적이 남아 있어.

신석기 시대 움집을 복원한 모습
한강 근처에 있는 암사동에는 신석기 시대 우리 조상들이 살았던 집터가 남아 있어. 그곳에 가면 움집을 복원해 놓아 당시 사람들이 어떻게 살았는지 엿볼 수 있단다.

청동기 시대는 하나의 부족이 다른 부족과 합치면서 덩치를 키우던 시기야. 강한 부족이 약한 부족을 힘으로 억눌러서 흡수하거나 상대 부족을 설득해서 합치며 점점 커진 부족 연합은 마침내 나라의 모습을 갖추게 돼. 우리 민족 최초의 나라 고조선도 이런 과정을 거쳐서 세워졌어. 하늘 신 환인의 아들 환웅이 곰이 변한 사람인 웅녀와 혼인하고 그들이 낳은 아들인 단군왕검이 나라를 세웠다는 고조선 건국 이야기를 단군 신화라고 해. 신화를 해석하면 하늘 신 부족이 곰 신 부족과 힘을 합쳐 나라를 세웠다는 거지.

청동기 시대
기원전 2000년경

청동기 시대엔 신석기 시대보다 농업 기술과 생산력이 비교할 수 없을 만큼 발전했어. 소수의 가진 자들은 생산 영역뿐만 아니라 정신 영역에서도 가지지 못한 자들을 지배했어. 지배자들은 어려운 청동기 제작 기술을 가지고 있었고 그 기술로 날카로운 칼과 창과 화살을 만들었어. 이 무기로 다른 부족들을 공격해 곡식을 가꿀 땅을 빼앗았고 싸움에 진 부족들을 노예로 부렸어. 땅이 넓어지면서 권위는 점점 더 높아져 스스로를 신과 동급으로 놓고 신의 나라를 세웠지. 청동기 시대는 인류 최초로 나라가 세워지기 시작한 시대야.

신석기 시대
기원전 8000년경

청동기 시대 유물

반달돌칼
청동기 시대에 곡식의 이삭을 거두는 데 사용한 농기구야. 구멍에 끈을 끼워 손에 걸어서 사용했어.

청동 거울과 청동 방울
청동 거울은 뒤에 끈을 묶을 수 있는 꼭지가 있어. 청동 거울은 얼굴을 비춰 보는 도구가 아니라 지배자의 권위를 나타내는 도구였어. 청동 방울 역시 지배자의 권위를 나타내는 도구이자 제사에 쓰이는 도구였지.

기원전 2333년, 단군왕검 고조선 건국

고조선 단군왕검
▲기원전 194년

단군왕검 영정
단군 신화에 따르면 환웅과 웅녀의 자식인 단군왕검이 아사달에 도읍을 정하고 고조선을 세웠다고 전해져.

강화도 부근리 고인돌
강화도 부근리에 있는 고인돌은 덮개돌 하나의 무게가 수십 톤에 달해. 이 정도로 무거운 돌을 옮기려면 힘이 센 어른 남자 500명은 필요하지. 무덤을 만들기 위해 이렇게 많은 사람들을 끌어모을 정도로 청동기 시대 우두머리의 권력은 대단했어.

민무늬 토기
무늬가 없고 바닥이 평평한 토기야. 그릇을 굽는 기술이 발전해서 빗살무늬 토기보다 단단해.

시대 구분을 할 때 주의할 점이 있어. 구분점을 기준으로 이전 것이 끝나고 새로운 것이 시작되는 건 아니라는 거야. 청동기 시대가 시작되었어도 농사 도구는 여전히 돌로 만들었어. 청동기는 귀하기도 했지만 잘 구부러져서 농삿일에 적당치 않았거든. 또 철기 시대가 시작되었어도 청동기는 여전히 제기 등으로 사용되었어. 뿐만 아니라 철기 시대에도 여전히 돌로도 생활 도구를 만들어 사용했단다.

청동기를 바탕으로 성장한 고조선은 이후 철기를 받아들이며 더욱 강한 국가로 성장하지만 이후 한나라 무제에게 멸망당해. 그러나 고조선 유민들은 각지로 흩어져 우리 민족의 여러 나라가 성립되고 성장하는 데 중요한 구성원으로 큰 역할을 하게 된단다.

고조선 영역과 관련하여 문제에 잘 나오는 핵심 단어

고조선 세력 범위를 알 수 있는 유물 유적

- **비파형 동검** - 거푸집에 녹인 쇳물을 부어 만듦. 손잡이를 따로 만들어 조립
- **미송리식 토기**
- **탁자식 고인돌** - 돌로 받침을 만들고 그 위에 덮개돌을 얹은 모양의 고인돌

비파형 동검 - 손잡이를 따로 만들어 조립해서 사용했어.

철기 시대
기원전 400년경

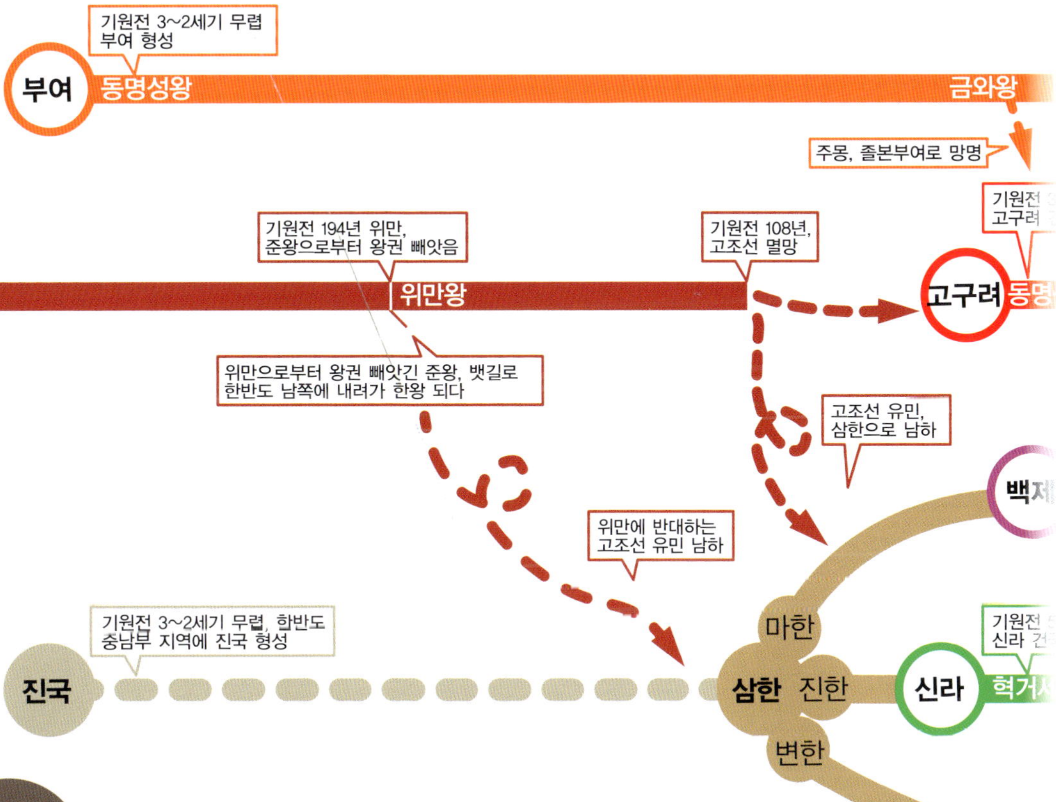

미송리식 토기 - 민무늬 토기로 청동기 시대에 만들어진 거야. 달걀 모양의 몸체에 손잡이가 달려 있지. 평안북도 의주군 미송리 동굴에서 발견되었어.

부여 - 동명성왕 ─────────────── 금와왕
- 기원전 3~2세기 무렵 부여 형성
- 주몽, 졸본부여로 망명
- 기원전 고구려

위만왕 ─────────────── **고구려** 동명
- 기원전 194년 위만, 준왕으로부터 왕권 빼앗음
- 기원전 108년, 고조선 멸망
- 위만으로부터 왕권 빼앗긴 준왕, 뱃길로 한반도 남쪽에 내려가 한왕 되다
- 고조선 유민, 삼한으로 남하
- 위만에 반대하는 고조선 유민 남하

진국 ┈┈┈┈┈┈┈┈ **삼한** (마한, 진한, 변한) ── **백제**, **신라** 혁거세
- 기원전 3~2세기 무렵, 한반도 충남부 지역에 진국 형성
- 기원전 신라 건

고조선과 관련하여 문제에 잘 나오는 핵심 단어

고조선
- **단군왕검** - 단군은 제사장을 왕검은 정치적 지도자를 의미
- **홍익인간** - 고조선의 건국 이념 널리 인간을 이롭게 한다
- **청동기를 바탕으로 국가 형성 철기를 받아들여 발전**
- **위만 조선** - 위만이 준왕을 쫓아내고 왕이 됨
- **일연이 지은 《삼국유사》에 고조선에 대해 실려 있음**
- **8조법** - 법을 통해 나라 다스림 현재 3개 조항만 전해짐

농경 무늬 청동기 - 기원전 5~6세기경 만들어진 청동기 유물로 토기에 곡식을 담는 모습, 밭을 가는 모습, 괭이질하는 모습 등 농사짓는 장면이 새겨져 있어. 그림을 보면 고조선 사람들이 어떻게 농사를 지었는지 추측해 볼 수 있지.

철기 시대 – 여러 나라의 등장

삼국과 가야의 성립

기원전 5세기 무렵부터 만주와 한반도 지역에 철기 문화가 확산됐어. 철제 농기구 사용으로 농업 생산력이 증가하였고 철제 무기를 사용한 정복 전쟁이 격화되었어. 이 과정에서 여러 나라들이 등장했지.
부여, 옥저, 동예, 그리고 마한, 진한, 변한 등에 속한 작은 나라들이 그들이야. 이 나라들이 합쳐지고 흡수되면서 고구려, 백제, 신라, 가야 등의 강력한 나라로 성장하게 된단다.

300 · 200 · BC 100

부여는 고조선 바로 다음으로 세워진 우리 민족 두 번째 나라로, 만주 쑹화강(송화강) 유역에 세워졌어. 부여는 영토의 네 방향에 자리잡은 강한 족장들에 의해 다스려졌어. 이들을 마가, 우가, 저가, 구가라 불렀는데, 각각 말, 소, 돼지, 개를 상징으로 삼는 종족이었지.
왕은 나라 전체가 아닌 중심에 있는 지역만 다스렸어. 중앙을 둘러싼 네 지역을 족장 네 명이 각각 독립적으로 다스렸지. 그러다 보니 왕의 힘이 약했어. 이렇게 왕권이 약하고 여러 족장이 각각 독립적으로 자기 지역을 다스리는 국가를 연맹 왕국이라고 해.
한반도의 북구 동해안 지역에는 동예와 옥저가 세워졌는데 왕을 중심으로 통일된 나라를 만들지 못하고 족장들이 각각 다스리는 군장 국가에 그치고 말았지. 동예와 옥저는 힘센 고구려의 간섭을 계속 받다가 결국 고구려에 흡수되었어.

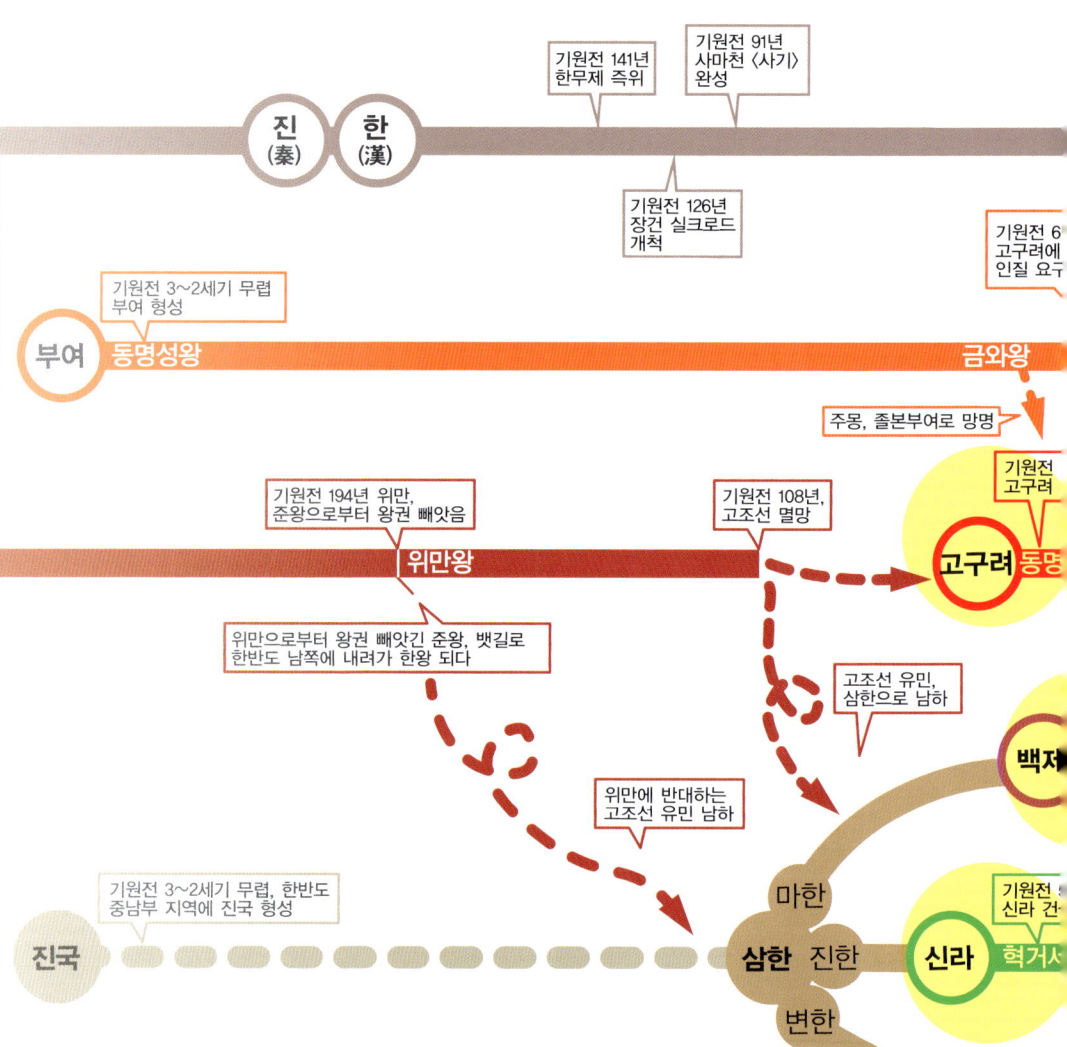

- 기원전 141년 한무제 즉위
- 기원전 91년 사마천 〈사기〉 완성
- 기원전 126년 장건 실크로드 개척
- 기원전 6 고구려에 인질 요구
- 기원전 3~2세기 무렵 부여 형성
- 주몽, 졸본부여로 망명
- 기원전 194년 위만, 준왕으로부터 왕권 빼앗음
- 기원전 108년, 고조선 멸망
- 기원전 고구려
- 위만으로부터 왕권 빼앗긴 준왕, 뱃길로 한반도 남쪽에 내려가 한왕 되다
- 고조선 유민, 삼한으로 남하
- 위만에 반대하는 고조선 유민 남하
- 기원전 3~2세기 무렵, 한반도 중남부 지역에 진국 형성
- 기원전 신라 건 혁거세

진(秦) · 한(漢) · 부여 · 동명성왕 · 금와왕 · 위만왕 · 고구려 동명 · 백제 · 진국 · 마한 · 삼한 · 진한 · 변한 · 신라 · 혁거세

경주 나정 터
박혁거세가 태어난 알이 놓여 있던 우물이 바로 나정이야. 신라의 시조인 박혁거세는 알에서 태어났다는 탄생 신화가 전해져 오고 있어.

신라를 세운 박혁거세
진한의 여섯 마을로 이루어진 작은 나라 사로국에서 발견된 알에서 남자아이가 태어났어. 마을의 촌장들은 세상을 밝게 한다는 뜻으로 아이의 이름을 혁거세라 지었고, 아이는 나중에 신라라는 통일 왕국의 시초인 사로국의 첫번째 왕이 되었단다.

가야의 대표 유물 덩이쇠와 관련, 문제에 잘 나오는 핵심 단어

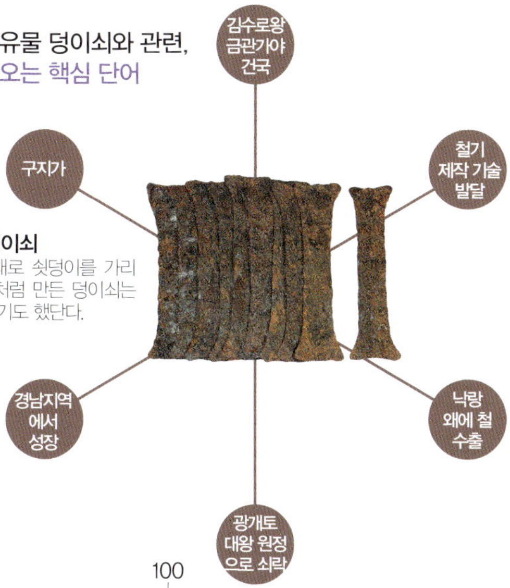

- 김수로왕 금관가야 건국
- 구지가
- 철기 제작 기술 발달
- 경남지역에서 성장
- 낙랑 왜에 철 수출
- 광개토대왕 원정으로 쇠락

가야 시대의 덩이쇠
덩이쇠는 말 그대로 쇳덩이를 가리켜. 긴 나무판자처럼 만든 덩이쇠는 화폐처럼 사용하기도 했단다.

오녀산성
고구려의 첫 도읍지야. 사진에서 보듯이 절벽 위에 있어서 적들의 공격을 막기에 아주 좋았지. 정상은 넓은 평지로 되어 있고 우물도 있어서 하늘이 내려 준 요새였어.

주몽, 고구려를 세우다

하늘 신 해모수와 물 신의 딸 유화 사이에서 알의 상태로 태어난 주몽은 타고난 재능 때문에 부여의 다른 왕자들의 시샘을 받자 자신을 따르는 무리들을 데리고 졸본으로 가서 나라를 세웠어. 우리 역사 최강의 국가 고구려가 바로 그 나라야.

후한(後漢)
- 67년 중국에 불교 전파
- 105년 채륜 제지법 개량

신왕 원전 24년경
- 서기 22년 고구려 대무신왕의 공격, 대소왕 죽음
- 49년 후한에 사신 파견
- 105년 고구려에 사신 파견
- 121년 고구려, 마한, 예맥, 현도군 공격, 부여 한나라 편듦
- 220년 사신 파견

유리명왕	대무신왕	모본왕 48년	태조왕		차대왕	신대왕	고국천왕	산상왕
▲원전 19년	▲18년	▲44년 민중왕	▲53년		▲146년	▲165년	▲179년	▲197년

- 옥저 복속, 정복 전쟁 활발
- 진대법 실시

원전 18년 백제 건국

온조왕	다루왕	기루왕	개루왕	초고왕
	▲28년	▲77년	▲128년	▲166년

몽촌토성
백제가 한성(위례성)에 도읍을 정하고 쌓은 토성 중 하나야. 토성은 말 그대로 흙으로 쌓은 성이지. 서울 송파구에 위치해 있는데 지금은 그곳에 올림픽공원이 조성되어 있어.

주몽의 아들 온조가 세운 백제

고구려 시조 주몽과 소서노 사이에 비류와 온조라는 아들이 둘 있었는데, 주몽이 원래 아내가 낳은 아들 유리의 등장으로, 설 자리가 없어진 둘은 남쪽으로 와 온조는 위례성에, 비류는 미추홀에 도읍을 정했어. 나중에 미추홀로 갔던 사람들은 다시 온조에게 돌아왔어. 그러자 온조는 나라 이름을 처음 정했던 십제에서 '백제'로 바꿨지.

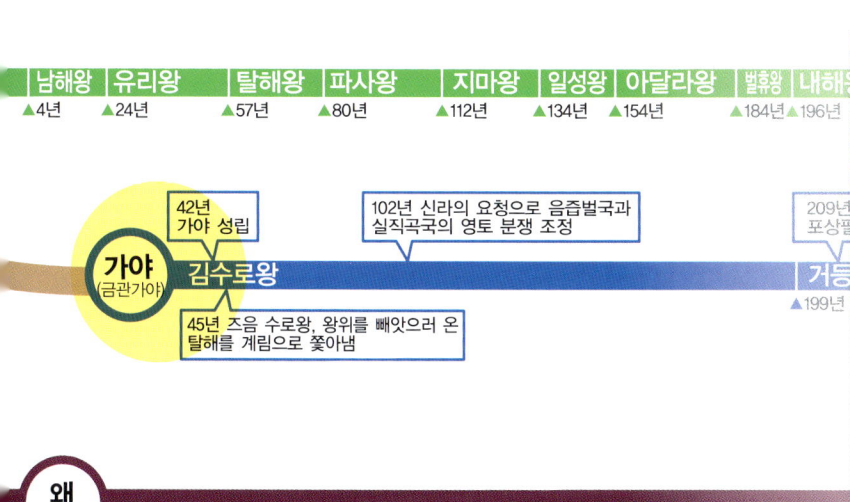

남해왕	유리왕	탈해왕	파사왕	지마왕	일성왕	아달라왕	벌휴왕	내해왕
▲4년	▲24년	▲57년	▲80년	▲112년	▲134년	▲154년	▲184년	▲196년

가야 (금관가야)
- 42년 가야 성립
- 김수로왕
- 102년 신라의 요청으로 음즙벌국과 실직곡국의 영토 분쟁 조정
- 45년 즈음 수로왕, 왕위를 빼앗으러 온 탈해를 계림으로 쫓아냄
- 209년 포상팔
- 거등왕 ▲199년

김해 수로왕릉
금관가야를 세운 수로왕의 무덤이야. 경상남도 김해시 서상동에 위치해 있어.

여섯 개의 알로부터 시작된 가야

무리를 이끌 지도자가 필요해서 신에게 제사를 지내던 변한 지역에 알이 여섯 개 내려왔고, 그로부터 여섯 아이가 태어나 각각 나라를 세우고 왕이 되었어. 가야였지. 처음엔 첫째인 김수로왕이 여러 가야를 이끌었고 뛰어난 철기 기술로 강력한 국가를 만들었지.

왜(倭)

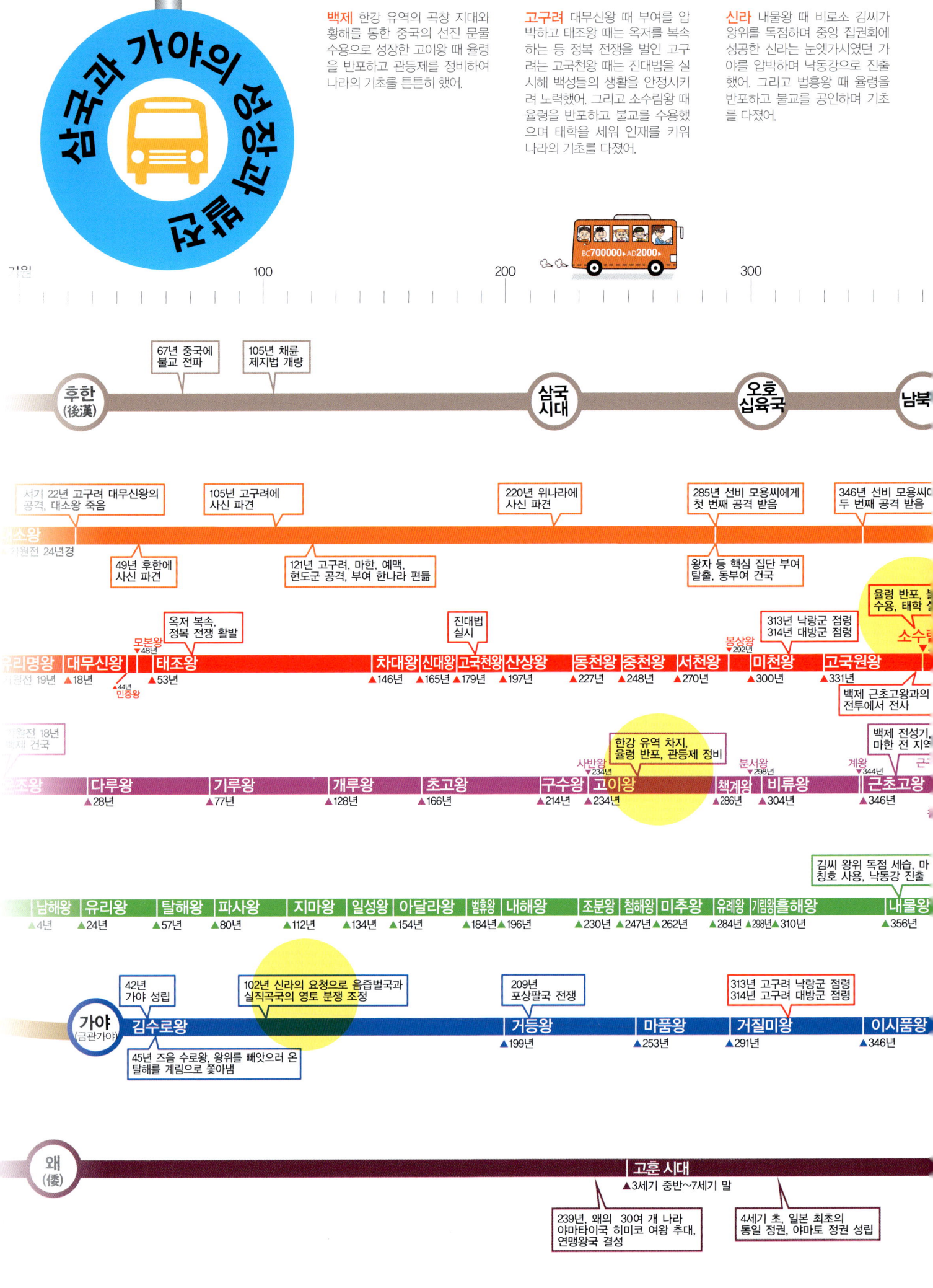

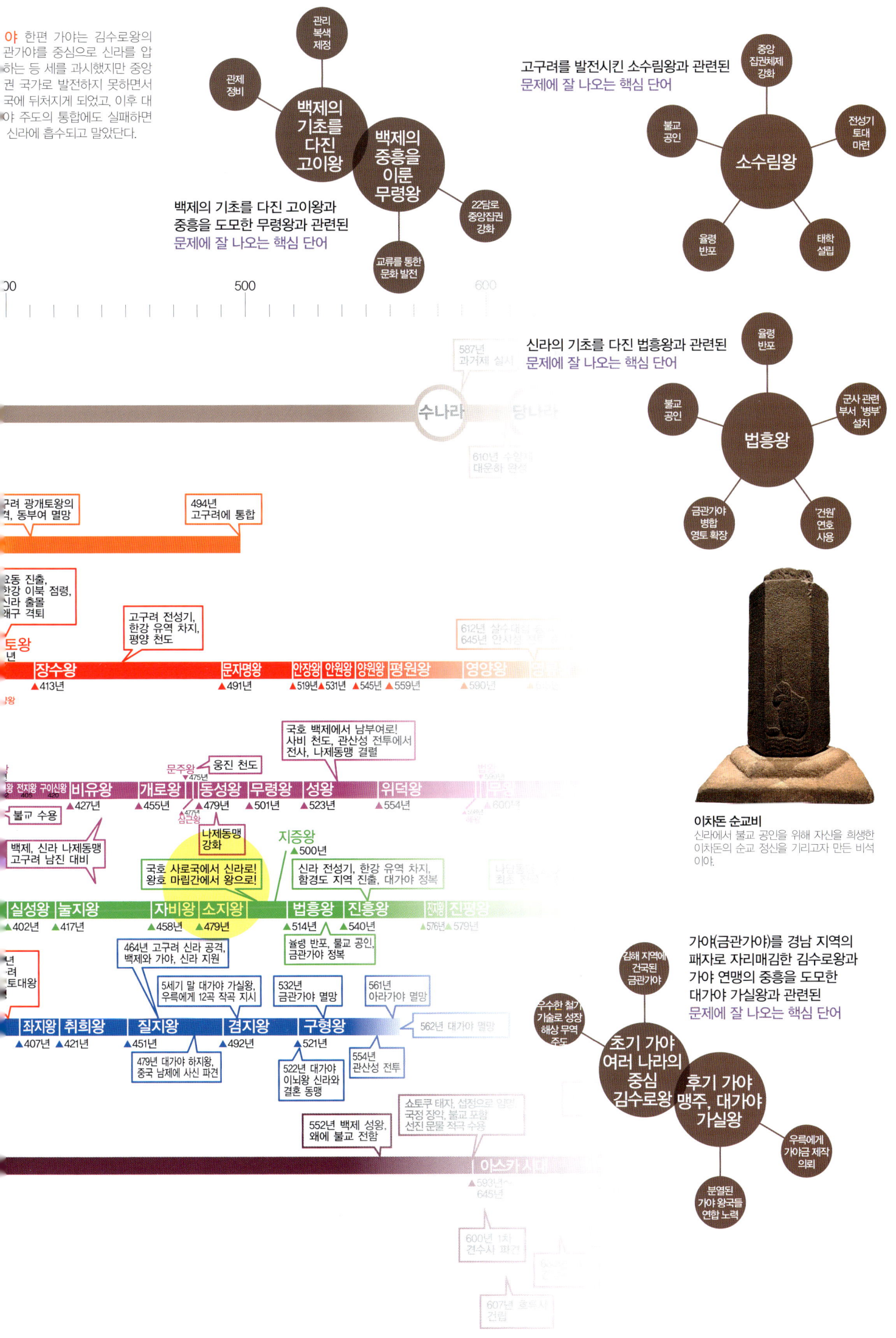

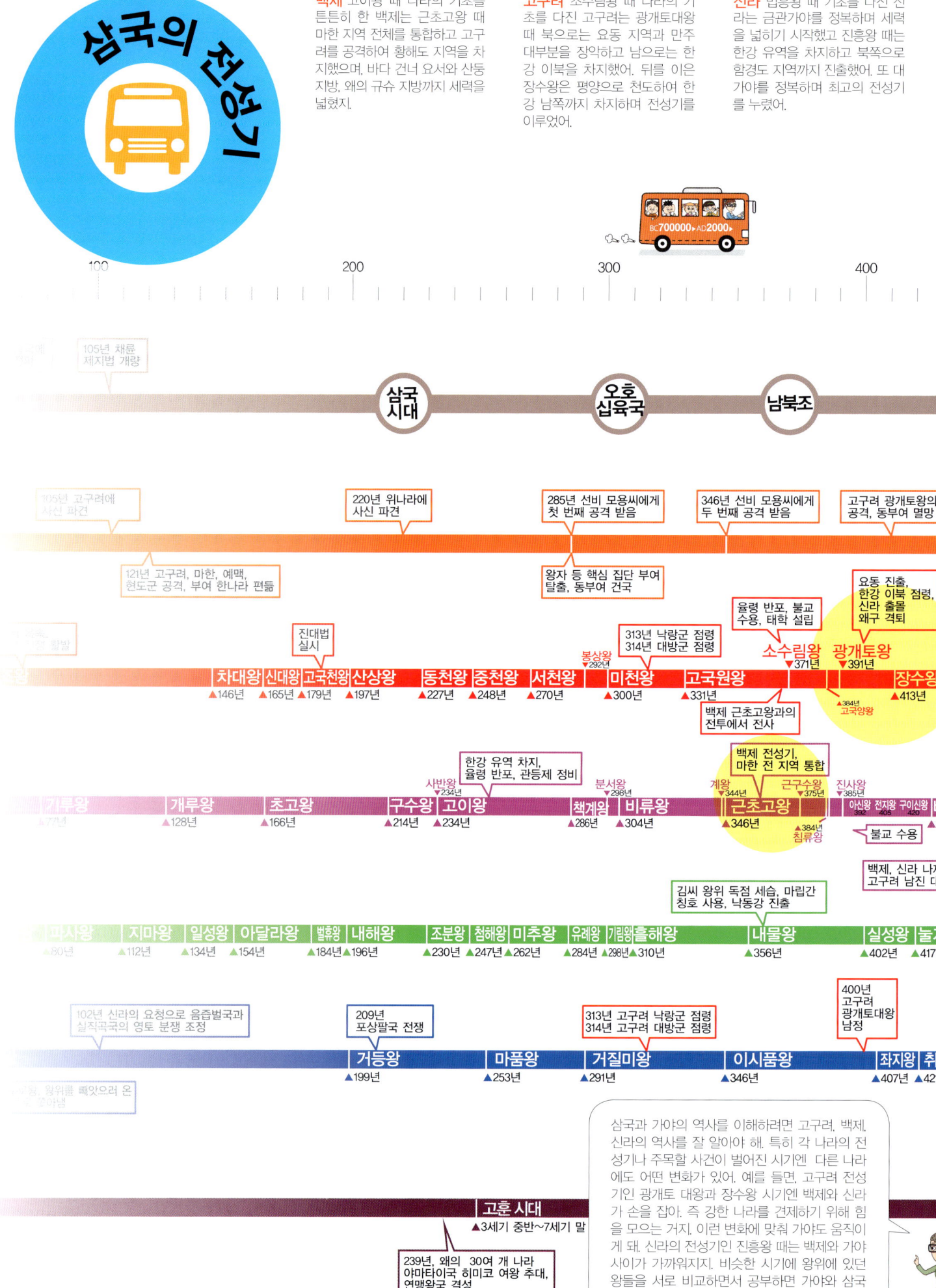

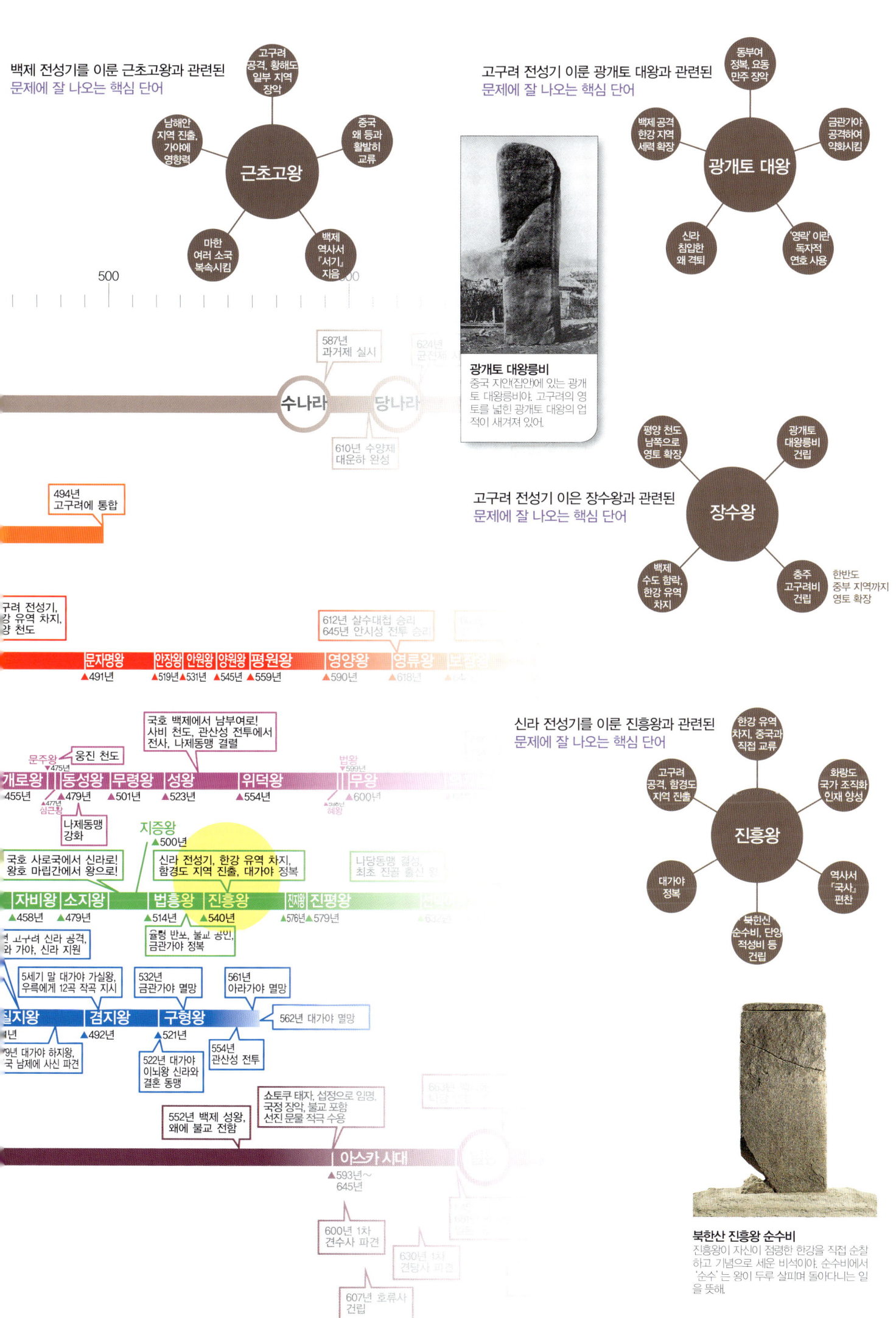

고구려·백제·가야의 쇠퇴기

약해지는 고구려
백제군에 왕이 죽임을 당하는 수모를 겪고 안으로 힘을 키워 드넓은 영토를 개척한 고구려도 명이 다해 가고 있었어. 고구려에 늘 굽신거리던 신라는 율령을 반포하고 불교를 국교로 삼아 내부의 힘을 키웠어. 그리고 금관가야와 대가야를 자기 땅으로 만들고 백제와 손잡고 고구려가 차지하고 있던 한강 유역을 차지했지. 이제 신라의 전성기가 온 거야. 남쪽으로는 신라가 고구려를 위협했고, 북쪽으로는 중국을 통일한 수나라가 호시탐탐 고구려를 노렸어. 위기의 고구려, 상황은 점점 고구려에게 불리하게 흘러갔지.

성왕 당시 사국의 상황
성왕이 백제를 다시 일으켜 세우기 위해 몸부림칠 때 신라는 가장 뛰어난 왕들이 활약하고 있었어. 내부적으로 힘을 다진 법흥왕과 외부적으로 신라의 힘을 과시한 진흥왕이 바로 그들이지. 신라는 가야의 중심인 금관가야를 차지하고 기세등등했어. 가야는 대가야를 중심으로 뭉치려고 했지만 실패했고 신라의 사냥감이 되어 쫓기고 있었어. 모든 승리의 기운이 신라 편에 있었지. 신라를 견제할 유일한 나라인 고구려는 중국 대륙의 나라들과 싸우느라 정신이 없었단다.

삼국시대 — **오호십육국** — **남북조**

[고구려]
- 220년 위나라에 사신 파견
- 285년 선비 모용씨에게 첫 번째 공격 받음
  - 왕자 등 핵심 집단 부여 탈출, 동부여 건국
- 346년 선비 모용씨에게 두 번째 공격 받음
- 고구려 광개토왕의 공격, 동부여 멸망
- 494년 고구려에
- 313년 낙랑군 점령 / 314년 대방군 점령
- 율령 반포, 불교 수용, 태학 설립 — 소수림왕 ▼371년
- 요동 진출, 한강 이북 점령, 신라 출몰 왜구 격퇴 — 광개토왕 ▼391년
- 고구려 전성기, 한강 유역 차지, 평양 천도
- 백제 근초고왕과의 전투에서 전사
- 봉상왕 ▼292년

왕: 차대왕 ▲146년 | 신대왕 ▲165년 | 고국천왕 ▲179년 | 산상왕 ▲197년 | 동천왕 ▲227년 | 중천왕 ▲248년 | 서천왕 ▲270년 | 미천왕 ▲300년 | 고국원왕 ▲331년 | (▲384년 고국양왕) | 장수왕 ▲413년 | 문자왕 ▲49

[백제]
- 진대법 실시
- 한강 유역 차지, 율령 반포, 관등제 정비
- 분서왕 ▼298년
- 백제 전성기, 마한 전 지역 통합
- 계왕 ▼344년
- 근구수왕 ▼375년
- 진사왕 ▼385년
- 불교 수용
- 백제, 신라 나제동맹 고구려 남진 대비
- 사반왕 ▼234년
- 문주왕, 웅진
- ▲475년 삼근왕 ▲477년
- 나제동맹 강화

왕: 초고왕 ▲166년 | 구수왕 ▲214년 | 고이왕 ▲234년 | 책계왕 ▲286년 | 비류왕 ▲304년 | 근초고왕 ▲346년 | (▲384년 침류왕) | 아신왕·전지왕·구이신왕 | 비유왕 ▲427년 | 개로왕 ▲455년 | 동성왕 ▲479년

[신라]
- 김씨 왕위 독점 세습, 마립간 칭호 사용, 낙동강 진출
- 464년 고구려 신라 공격, 백제와 가야, 신라 지원
- 국호 사로국에서 신라, 왕호 마립간에서 왕으로

왕: 이묘라왕 ▲154년 | 벌휴왕 ▲184년 | 내해왕 ▲196년 | 조분왕 ▲230년 | 첨해왕 ▲247년 | 미추왕 ▲262년 | 유례왕 ▲284년 | 기림왕 ▲298년 | 흘해왕 ▲310년 | 내물왕 ▲356년 | 실성왕 ▲402년 | 눌지왕 ▲417년 | 자비왕 ▲458년 | 소지왕 ▲479년

[가야]
- 209년 포상팔국 전쟁
- 313년 고구려 낙랑군 점령 / 314년 고구려 대방군 점령
- 400년 고구려 광개토대왕 남정
- 5세기 말 대가야 가 우륵에게 12곡 작곡
- 479년 대가야 하지왕, 중국 남제에 사신 파견

왕: 거등왕 ▲199년 | 마품왕 ▲253년 | 거질미왕 ▲291년 | 이시품왕 ▲346년 | 좌지왕 ▲407년 | 취희왕 ▲421년 | 질지왕 ▲451년 | 겸

고훈 시대 ▲3세기 중반~7세기 말
- 239년, 왜의 30여 개 나라 야마타이국 히미코 여왕 추대, 연맹왕국 결성
- 4세기 초, 일본 최초의 통일 정권, 야마토 정권 성립

고구려의 광개토 대왕에 의해 금관가야가 회복 불능의 타격을 입은 이래 중앙 집권화와 체제 정비를 통해 힘을 키운 신라와 백제는 가야의 여러 나라들을 잠식해 들어갔어. 그러다 가야 연맹의 중심이 대가야로 옮겨가고 대가야 가실왕은 가야 연맹을 하나로 묶으려 노력했지. 그러나 그의 계획이 수포로 돌아가면서 가야의 운명은 멸망을 향해 기울었단다.

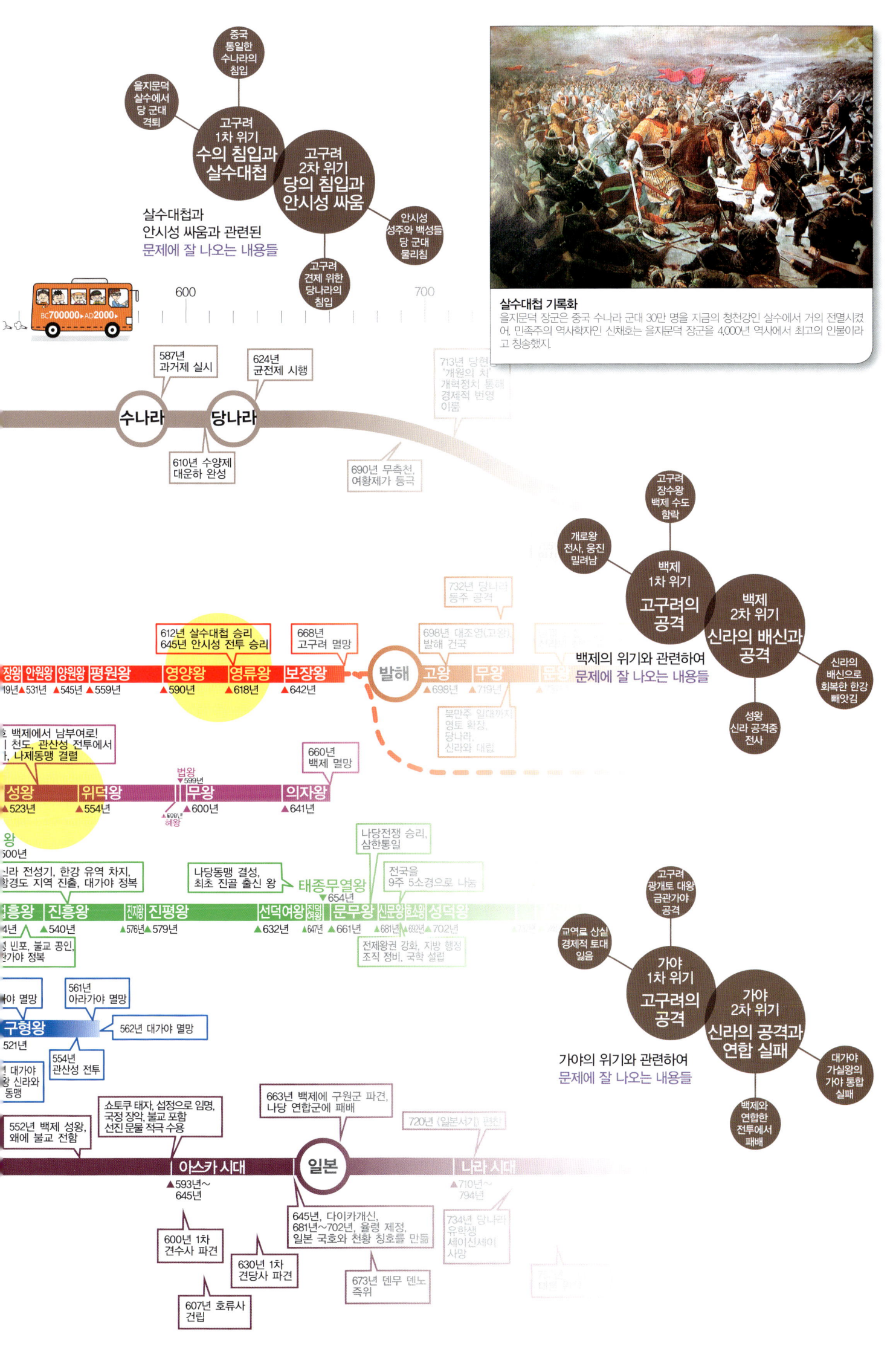

신라의 통일과 발해의 건국

백제의 무왕이 죽고 왕위에 오른 의자왕은 더욱 거세게 신라를 몰아붙였어. 신라 군은 의자왕이 이끄는 백제 군을 당해 내기가 어려웠어. 위기에 처한 선덕여왕은 도움을 구하기 위해서 김춘추를 고구려로 보냈어. 당시 고구려의 권력을 잡고 있던 연개소문은 배신의 아이콘 신라의 요구를 거절했어.

김유신이 백제와 밀고 밀리는 전투를 계속하며 버텨 나가는 상황에서 이번엔 김춘추가 당나라에 도움을 청했어. 고구려 공격에 실패했던 당나라 태종은 신라를 이용하기로 마음먹고 김춘추의 부탁을 들어 군대를 보내주었어.

당나라 소정방이 이끄는 13만 명과 신라 김유신이 이끄는 5만 명의 나당연합군이 백제의 수도인 사비로 물밀듯이 공격해 들어갔어. 백제의 장군 계백이 이끄는 5,000명의 결사대는 황산벌에서 죽기를 각오하고 싸웠지만 결국 전멸하고 말았지. 이렇게 백제는 멸망하게 돼, 고구려도 바닥난 국력과 내부 분열로 나당 연합군에게 멸망하게 되지.

백제와 고구려를 멸망시킨 뒤 당나라는 시커먼 속을 드러냈어. 고구려 땅에 도호부, 백제와 신라 땅에 도독부라는 기관을 두어 한반도의 모든 땅을 지배하려 했지. 신라는 당나라를 몰아내기 위한 전쟁을 일으켰어. 마침내 7년이나 되는 전쟁에서 이겨 당나라를 몰아낼 수 있었지. 대표적인 전투로 매소성 싸움과 기벌포 싸움이 있어.

김유신의 아들 원술이 이끄는 신라군은 지금의 양주인 매소성에서 20만 명이나 되는 당나라 군을 무찔렀어. 또 고구려와 백제의 유민들이 당나라에 맞서 무너진 나라를 다시 세우려고 싸운 것도 신라가 당나라를 몰아내는 데 큰 힘이 되었단다.

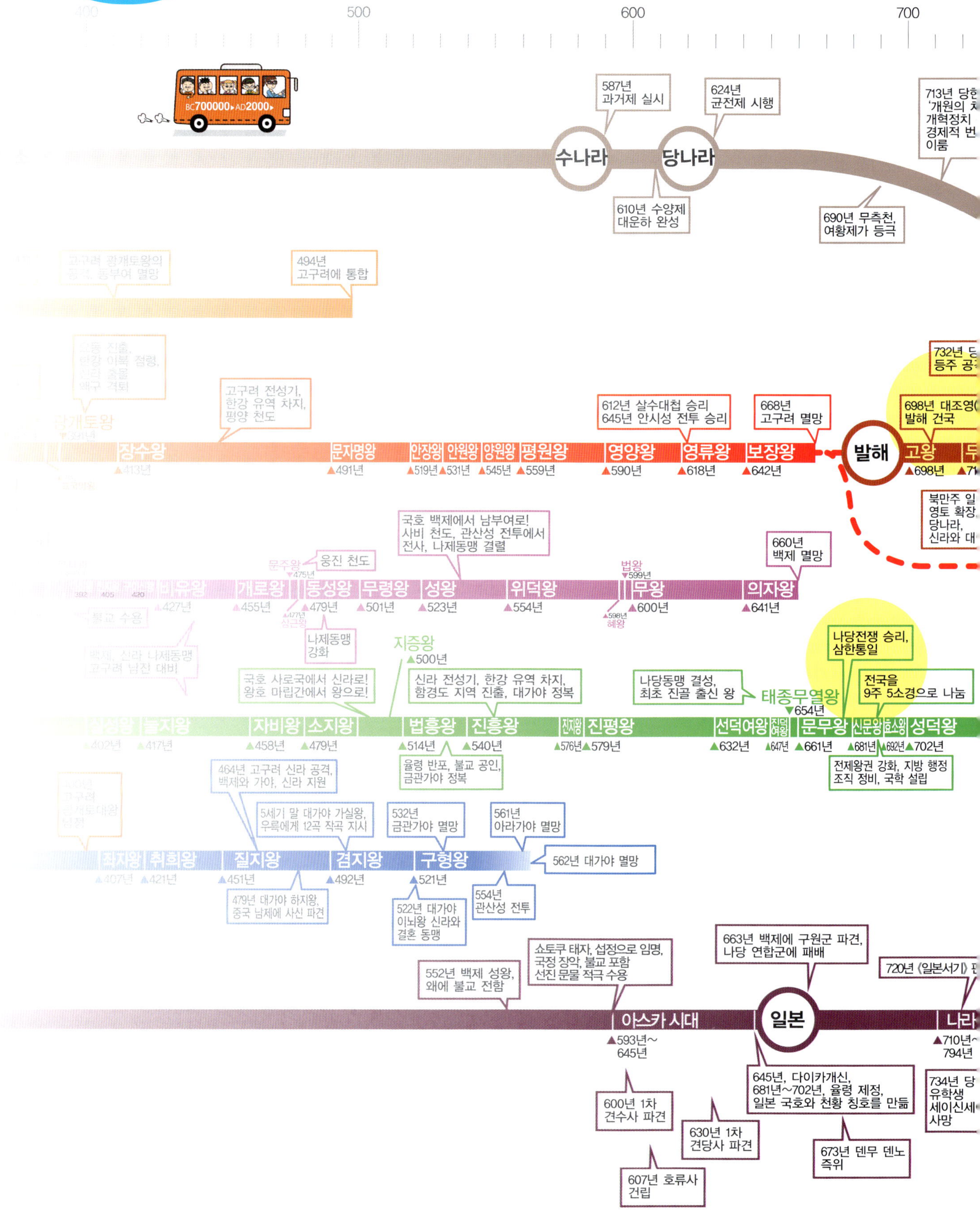

신라가 삼국을 통일하고 당나라를 쫓아내면서 영원히 계속될 것 같던 전쟁의 시대도 끝났어. 비록 드넓은 고구려의 영토에는 발도 들여놓지 못한 반쪽짜리 통일이었지만 평화는 무엇보다 소중한 것이었지. 신라의 문무왕은 어렵게 연 평화의 시대를 지키기 위해 죽어서 바다에 묻히기를 주저하지 않았어. 또 경덕왕은 불국사를 세워 신라가 부처님의 자비로 내내 평화롭기를 기도했지.

수백 년 동안 언제 어디서 칼과 화살이 날아올지 몰라 불안하게 두리번거려야 했는데 이제는 그럴 필요가 없어졌지. 사람들은 눈을 감고 평화롭게 새가 노래하는 소리를 듣고 부드럽게 뺨을 감싸는 바람을 느꼈어. 마음의 평화는 곧 아름다운 예술 작품을 낳았지. 고구려의 웅장한 정신과 백제의 섬세한 손길과 신라의 소박한 마음이 하나로 합쳐져 우리 민족만의 독특한 문화를 꽃피웠어.

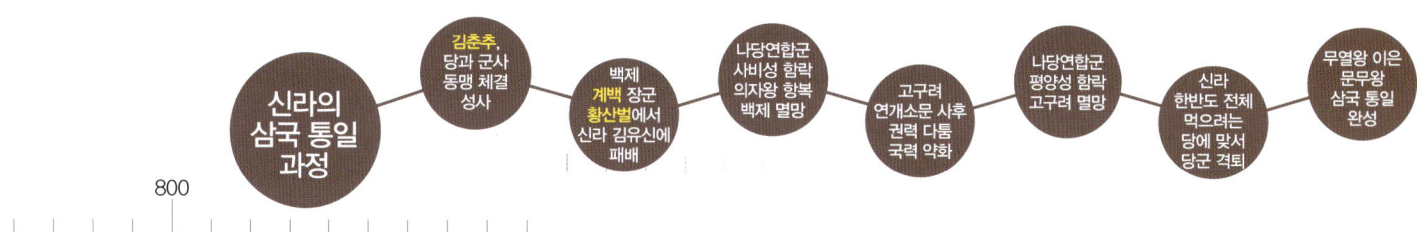

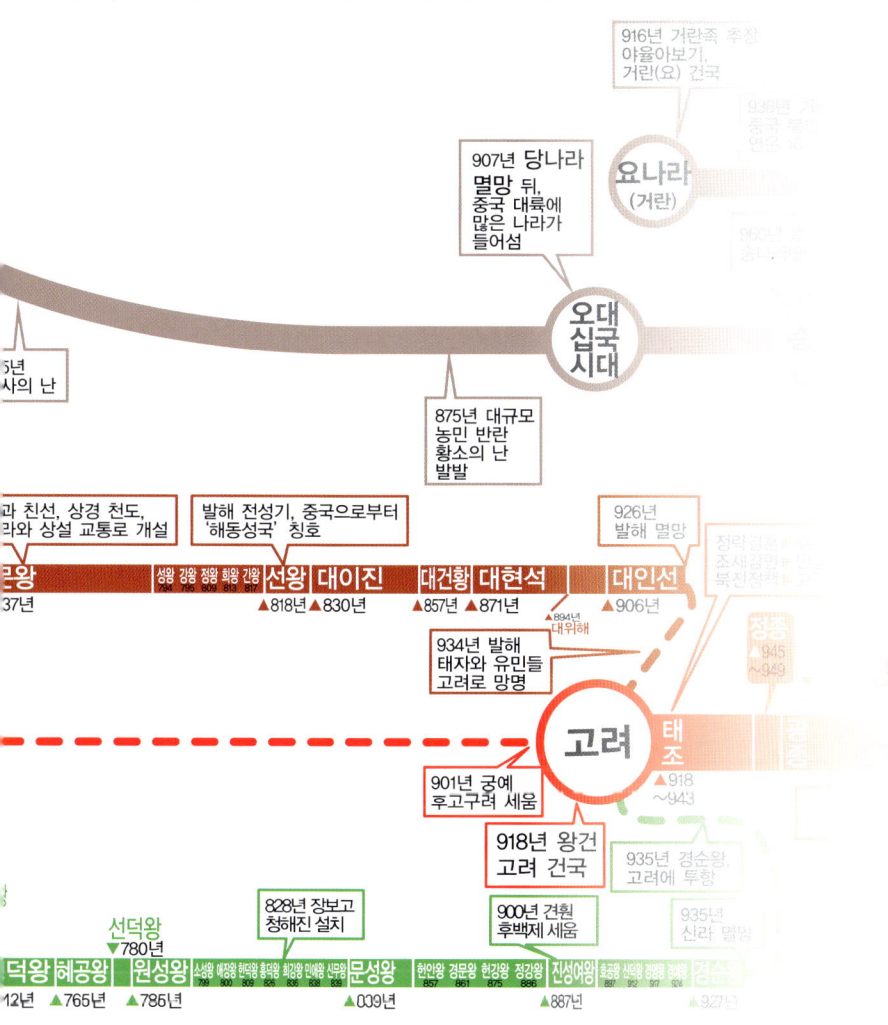

당나라는 고구려를 멸망시키고 그 땅에 안동도호부를 세워 고구려인을 지배하려 했어. 그러나 당나라에 무너진 고구려 성은 원래 있던 고구려 성의 절반도 안 되었어. 나머지는 여전히 고구려인들이 지켜 나갔지. 또 누구의 지배도 받아들이지 않는 굳건한 고구려인의 저항으로 안동도호부는 별 역할을 하지 못했어. 고구려 장군 출신 대조영은 그런 고구려인들의 힘을 모아 나라를 세웠지. 그 나라가 바로 발해야. 발해는 나라를 세운 지 얼마 지나지 않아 고구려의 옛 영토를 모두 되찾고 한 걸음 더 나가 고구려 옛 땅의 두 배가 넘게 영토를 넓혔어. 또 사방으로 교역의 길을 열어 부강한 나라를 만들었지. 신라가 가야와 고구려, 백제를 무너뜨리고 통일을 이루었다고 해서 통일 신라만이 우리 민족의 역사로 생각한다면, 한반도 북쪽 지방에서 만주 벌판을 모두 차지하고 해동성국으로 불린 또 다른 우리 민족의 역사를 버리는 것과 같아. 이제는 다른 나라의 땅이 되었지만 그 역사마저 다른 나라에 빼앗기면 안 되겠지. 고구려를 자랑스러운 역사로 기억한다면 발해 역시 그렇게 마음에 새겨야 해. 그래야 우리 역사를 한반도 중남부에 찌그러져 있는 작은 나라로 깎아내리려는 다른 나라들의 음모를 깨뜨릴 수 있어.

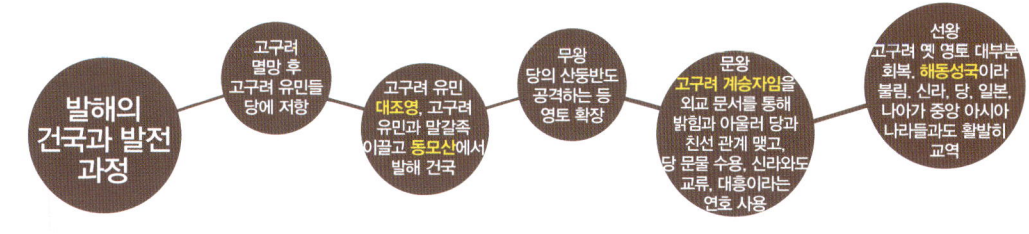

헤이안 시대
▲794년~1185년

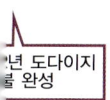

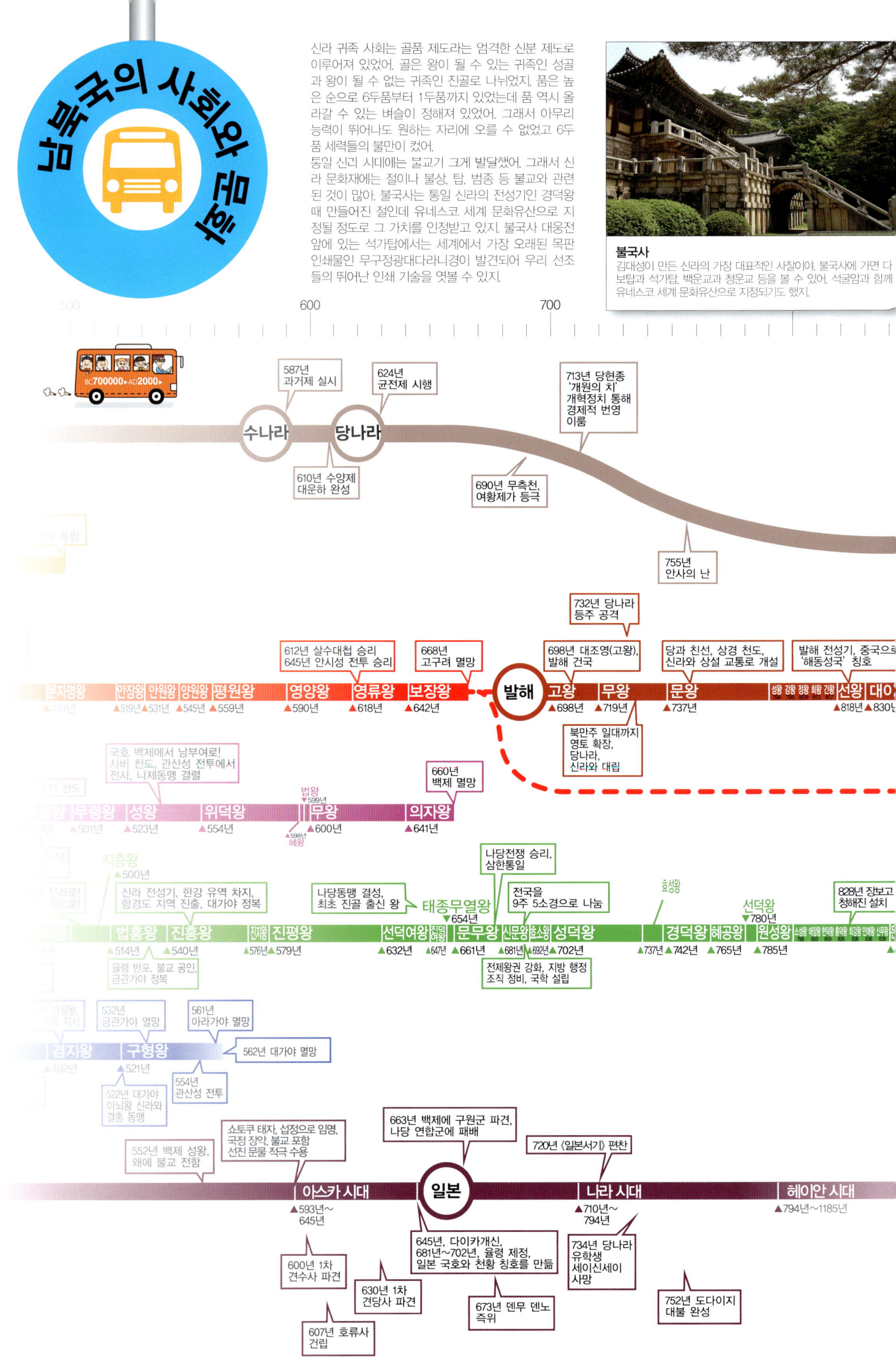

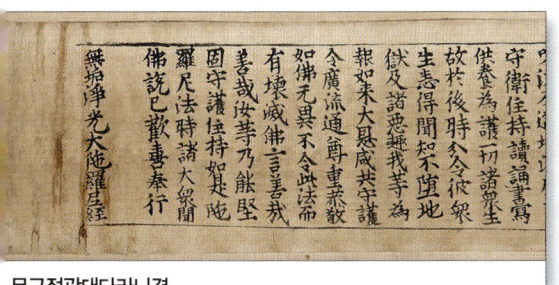

무구정광대다라니경
석가탑 안에서 발견된 불경이야. 세계에서 가장 오래된 목판 인쇄물로 알려져 있어.

불국사와 함께 유네스코 세계 문화유산으로 지정된 석굴암은 통일 신라의 뛰어난 미술적 과학적 수준을 보여주는 대표적 불교 문화재야. 석굴이라면 바위를 뚫거나 파내 만드는 게 보통인데, 석굴암은 사람이 직접 수백 개의 돌을 적당한 크기로 일일이 자르고 서로 어긋나지 않게 정확히 잘 짜 맞추어 만들었어. 이런 구조는 인도나 중국에서는 볼 수 없는 석굴암만의 독특한 특징이야.

이렇듯 통일 신라는 안정된 국내외 상황 속에서 문화적으로 크게 발전했고, 신라의 수도 경주는 인구 100만에 금으로 입힌 집들이 즐비했어. 길은 바둑판 모양으로 넓고 반듯하게 나 있었고, 또 변화한 국제 도시라 시장이 여러 개 섰어. 그래서 신라 사람들은 물론이고 중국, 일본, 멀리 서역의 상인들까지 드나들었지.

그런데 이런 국제도시는 나라와 나라 사이에 무역이 자유롭고 안전해야만 유지될 수 있어. 이런 노력을 한 대표적인 사람이 바로 완도에 청해진을 설치하고 국제 무역을 주도한 장보고란다.

석굴암
김대성이 불국사와 함께 만든 사찰이야. 경주 토함산에 있는 인공 석굴로 가운데 본존불과 둘레의 보살상들은 신라 예술의 최고 경지를 보여 준단다.

916년 거란족 추장 야율아보기, 거란(요) 건국

936년 거란, 중국 북방의 전략적 요충지 연운 16주 얻음

요나라 (거란)

907년 당나라 멸망 뒤, 중국 대륙에 많은 나라가 들어섬

960년 후주 절도사 조광윤(송태조) 송나라(960~1127) 건국

오대십국시대

송나라

972년 과거제 개편, 공정한 관리 등용

926년 발해 멸망

정략결혼 ▶ 호족통합, 조세감면 ▶ 민심수습, 북진정책 ▶ 고구려 계승

대현석 ▲871년
대인선 ▲906년
▲894년 대위해

년 발해와 유민들로 망명

고려

태조 ▲918~943
정종 ▲945~949
광종 ▼949~975
경종 ▲975~981
성종 **목종**

노비안검법 실시, 과거제 실시

918년 왕건 고려 건국

935년 경순왕, 고려에 투항

900년 견훤 후백제 세움

935년 신라 멸망

1010년 거란 2차 침입 개경 함락되는 위기 속 양규의 활약으로 거란 물리감

1018년 거란 3차 침입 강감찬의 귀주대첩 승리

헌강왕 정강왕 **진성여왕** 효공왕 신덕왕 경명왕 경애왕 **경순왕**
▲887년 ▲927년

발해가 고구려를 계승한 우리 역사라는 증거와 관련하여
문제에 잘 나오는 내용들

발해의 고구려 계승 증거
- 발해가 일본에 보낸 외교 문서
- 온돌 중국과 달리 온돌 문화가 있었던 고구려와 발해
- 정혜공주 묘의 천장 구조
- 정혜공주 무덤에서 출토된 돌사자상
- 지붕 끝머리 장식인 치미의 형태
- 수막새의 문양

발해는 고구려 옛 땅을 회복하고 계승하여 발전한 나라야. 특히 유적을 보면 알 수 있지. 온돌은 우리 고유의 난방 방식인데, 상경성의 궁궐터에서 나온 온돌이 고구려 유적지에서도 발견되었어. 그리고 무덤, 수막새, 부처상, 돌사자상 등의 유물도 고구려와 비슷한 점이 많아. 발해가 일본에 보내는 외교 문서에도 스스로를 고구려라 칭하고 있는데, 이걸로 미루어 보아 발해는 고구려를 계승하여 세운 나라임을 알 수 있지.

발해 무왕은 일본과 가까이 하면서 당나라와 대립했어. 신라가 크게 성장한 발해에 부담감을 느끼며 당나라 쪽으로 가까워지자 발해는 신라와 서로 좋은 관계를 맺지는 않았지. 반면, 무왕의 뒤를 이은 문왕은 나라의 안정을 위해 당나라와의 싸움을 멈추고 친한 관계를 유지했지. 그러면서 당나라의 문화를 받아들여 고구려 문화와 함께 발해만의 문화를 발전시켰어. 여기서 그치지 않고 주변 여러 나라들과 교류하며 문화의 꽃을 활짝 피웠단다. 뿐만 아니라 관계가 좋지 않은 걸로만 알고 있던 신라와도 동해안을 따라 교류의 길을 열어 두었어. 이 길을 통해 사신과 상인들이 왕래했단다.

고구려 수막새(왼쪽)와 발해 수막새(오른쪽)
수막새는 기와지붕 끝에 붙이는 장식을 말해. 그런데 고구려 수막새와 발해 수막새의 문양이 아주 비슷하다는 것을 알 수 있어.

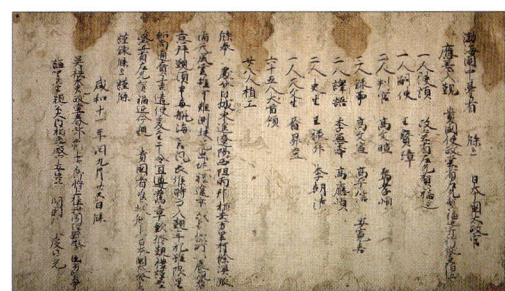

발해가 일본에 보낸 외교 문서
이 외교 문서에 발해는 스스로 고구려라고 말하고 발해의 왕을 고구려 국왕이라고 표현하고 있어. 이는 발해가 고구려를 계승했다는 증거가 되지.

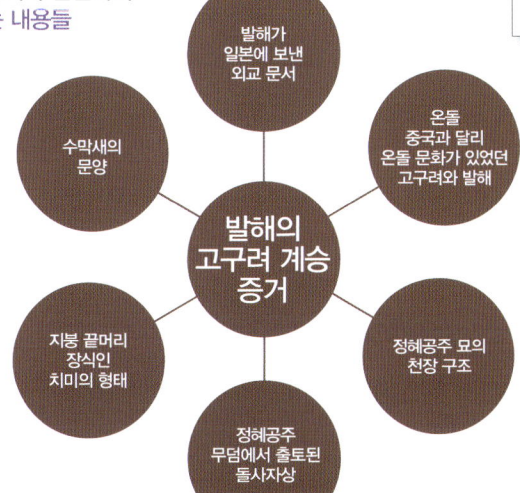

후삼국 시대와 고려의 건국

이번에 여행할 시간은 900년 후삼국 성립부터 936년 후삼국 멸망과 고려 건국까지야. 왕조로 보면 신라 진성여왕 때부터 고려 태조 왕건 때까지지.

진성여왕이 나라를 제대로 돌보지 못하고 귀족들은 왕위를 놓고 다투었어. 그리고 사치와 향락을 위해 백성들을 가혹하게 착취했지. 고통스러운 삶을 견디다 못한 백성들은 분노를 폭발시켰어. 지방에서 큰 힘을 갖고 있던 사람들은 백성들의 분노를 바탕으로 군사를 키우고 성을 세워 그 지방의 주인이 되었는데 이들을 호족이라고 해. 이 호족 중 세력이 강한 사람들이 마침내 나라를 세웠어. 900년 가장 먼저 견훤이 후백제를 세웠고, 바로 뒤를 이어 901년 궁예가 후고구려를 세웠지. 이렇게 신라, 후백제, 후고구려의 후삼국 시대가 시작되었단다. 그리고 나중에 궁예의 부하였다 궁예의 잘못된 행동에 반대하는 사람들의 지지로 궁예를 몰아내고 왕건이 고려를 세웠단다.

고려의 후삼국 통일 과정과 관
문제에 잘 나오는 핵심 단어

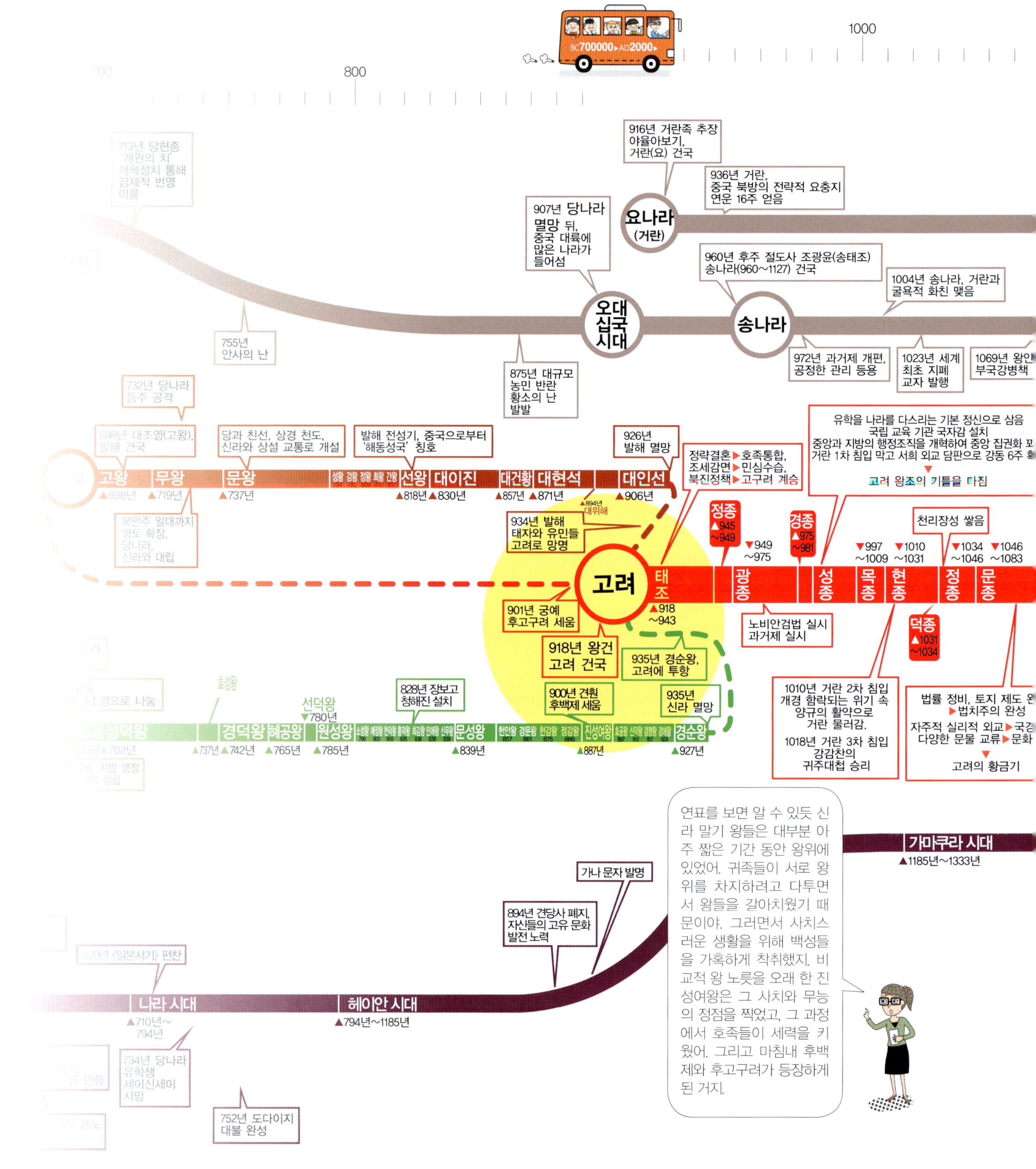

주요 연표

- 713년 당현종 개원의 치 개혁정치 통해 경제적 번영 이룸
- 755년 안사의 난
- 732년 당나라 등주 공격
- 698년 대조영(고왕), 발해 건국
- **고왕** ▲698년
- **무왕** ▲719년
- **문왕** ▲737년 당과 친선, 상경 천도, 신라와 상설 교통로 개설
- **성왕 강왕 정왕 희왕 간왕 선왕** 발해 전성기, 중국으로부터 '해동성국' 칭호
- **대이진** ▲818년
- **대건황** ▲830년
- **대현석** ▲857년
- **대위해** 894년
- **대인선** ▲906년
- 875년 대규모 농민 반란 황소의 난 발발
- 907년 당나라 멸망 뒤, 중국 대륙에 많은 나라가 들어섬
- 916년 거란족 추장 야율아보기, 거란(요) 건국
- **요나라(거란)**
- 936년 거란, 중국 북방의 전략적 요충지 연운 16주 얻음
- **오대십국시대**
- 960년 후주 절도사 조광윤(송태조) 송나라(960~1127) 건국
- **송나라**
- 972년 과거제 개편, 공정한 관리 등용
- 1004년 송나라, 거란과 굴욕적 화친 맺음
- 1023년 세계 최초 지폐 교자 발행
- 1069년 왕안석 부국강병책
- 926년 발해 멸망
- 934년 발해 태자와 유민들 고려로 망명
- 정략결혼 ▶ 호족통합, 조세감면 ▶ 민심수습, 북진정책 ▶ 고구려 계승
- 유학을 나라를 다스리는 기본 정신으로 삼음 국립 교육 기관 국자감 설치 중앙과 지방의 행정조직을 개혁하여 중앙 집권화 꾀 거란 1차 침입 막고 서희 외교 담판으로 강동 6주 확
- **고려 왕조의 기틀을 다짐**

고려 왕계

- **고려** 901년 궁예 후고구려 세움
- 918년 왕건 고려 건국
- 935년 경순왕, 고려에 투항
- 900년 견훤 후백제 세움
- 935년 신라 멸망
- **태조** ▲918~943
- **정종** ▲945~949
- **경종** ▲975~981
- ▼949~975
- 노비안검법 실시 과거제 실시
- **광종**
- **성종**
- **목종** ▼997~1009
- **현종** ▼1010~1031
- **덕종** ▲1031~1034
- **정종** ▼1034~1046
- **문종** ▼1046~1083
- 천리장성 쌓음
- 1010년 거란 2차 침입 개경 함락되는 위기 속 양규의 활약으로 거란 물러감. 1018년 거란 3차 침입 강감찬의 귀주대첩 승리
- 법률 정비, 토지 제도 완 ▶ 법치주의의 완성
- 자주적 실리적 외교 ▶ 국경 다양한 문물 교류 ▶ 문화
- **고려의 황금기**

신라 왕계

- 효성왕
- 선덕왕 780년
- **성덕왕** ▲702년
- **경덕왕** ▲737년
- **혜공왕** ▲742년
- **원성왕** ▲765년 소성왕 애장왕 헌덕왕 흥덕왕 희강왕 민애왕 신무왕
- **문성왕** 839년
- 한안왕 경문왕 현강왕 정강왕
- **진성여왕** 효공왕 신덕왕 경명왕 경애왕 887년
- **경순왕** ▲927년
- 828년 장보고 청해진 설치

일본

- 770년대 《일본서기》 편찬
- **나라 시대** ▲710년~794년
- 734년 당나라 유학생 세이신세이 사망
- 752년 도다이지 대불 완성
- **헤이안 시대** ▲794년~1185년
- 894년 견당사 폐지, 자신들의 고유 문화 발전 노력
- 가나 문자 발명
- **가마쿠라 시대** ▲1185년~1333년

연표를 보면 알 수 있듯 신라 말기 왕들은 대부분 아주 짧은 기간 동안 왕위에 있었어. 귀족들이 서로 왕위를 차지하려고 다투면서 왕들을 갈아치웠기 때문이야. 그러면서 사치스러운 생활을 위해 백성들을 가혹하게 착취했지. 비교적 왕 노릇을 오래 한 진성여왕은 그 사치와 무능의 정점을 찍었고, 그 과정에서 호족들이 세력을 키웠어. 그리고 마침내 후백제와 후고구려가 등장하게 된 거지.

왕건은 공산 전투에서는 견훤의 후백제군에게 크게 패했지만, 넓은 포용력으로 지방 호족들의 도움을 이끌어내며 고창 전투에선 크게 승리해. 후백제는 왕권을 두고 다투는 과정에서 아들 신검에게 내몰린 견훤이 고려에 합세하고 경순왕은 스스로 왕건에게 신라를 갖다바치며 주도권은 완전히 고려에게 넘어가. 고려는 일리천 전투에서 신검의 후백제군을 격파하면서 마침내 짧지만 격렬했던 후삼국 시대가 막을 내리고 후삼국은 통일됐단다.

그런데 말이야, 고려가 통일을 이루었지만 문제가 있어. 왕건을 도와 통일을 이루도록 도와준 호족들을 어떻게 다루느냐였어. 견훤이나 궁예만 못해도 그들도 한 지역에선 방귀깨나 뀌던 실력자들이었거든. 수틀리면 자기도 왕이 되겠다고 일어설 만한 사람들이었지. 왕건은 견훤과 궁예와 벌인 1라운드 대결에 이어 호족들과 2라운드를 벌여야 했어. 그럼 다음 장에 2라운드가 시작돼. 땡~!

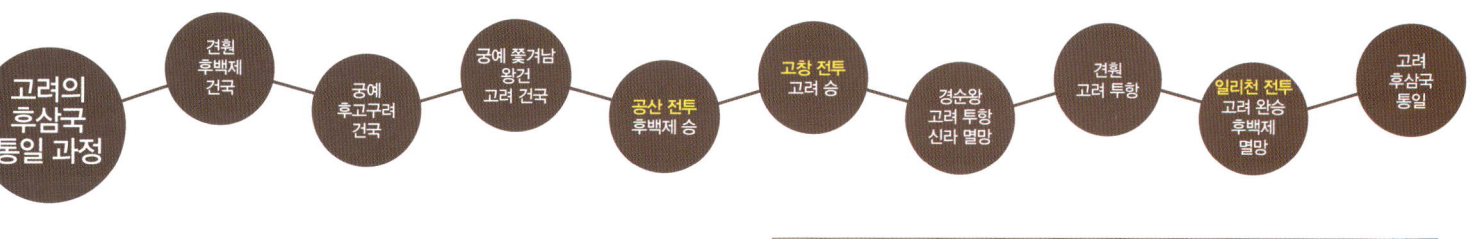

고려의 후삼국 통일 과정: 견훤 후백제 건국 → 궁예 후고구려 건국 → 궁예 쫓겨남 왕건 고려 건국 → **공산 전투** 후백제 승 → **고창 전투** 고려 승 → 경순왕 고려 투항 신라 멸망 → 견훤 고려 투항 → **일리천 전투** 고려 완승 후백제 멸망 → 고려 후삼국 통일

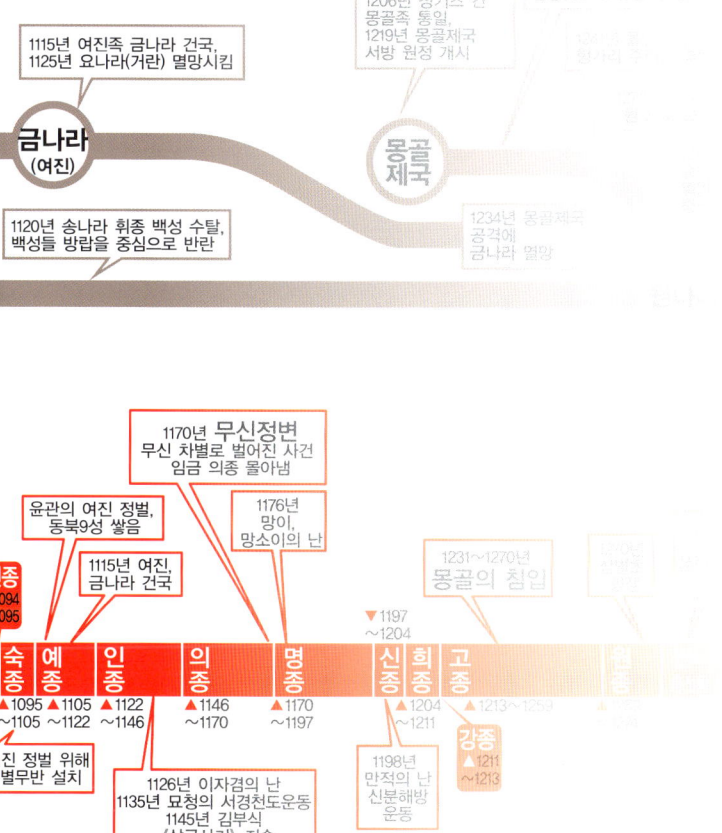

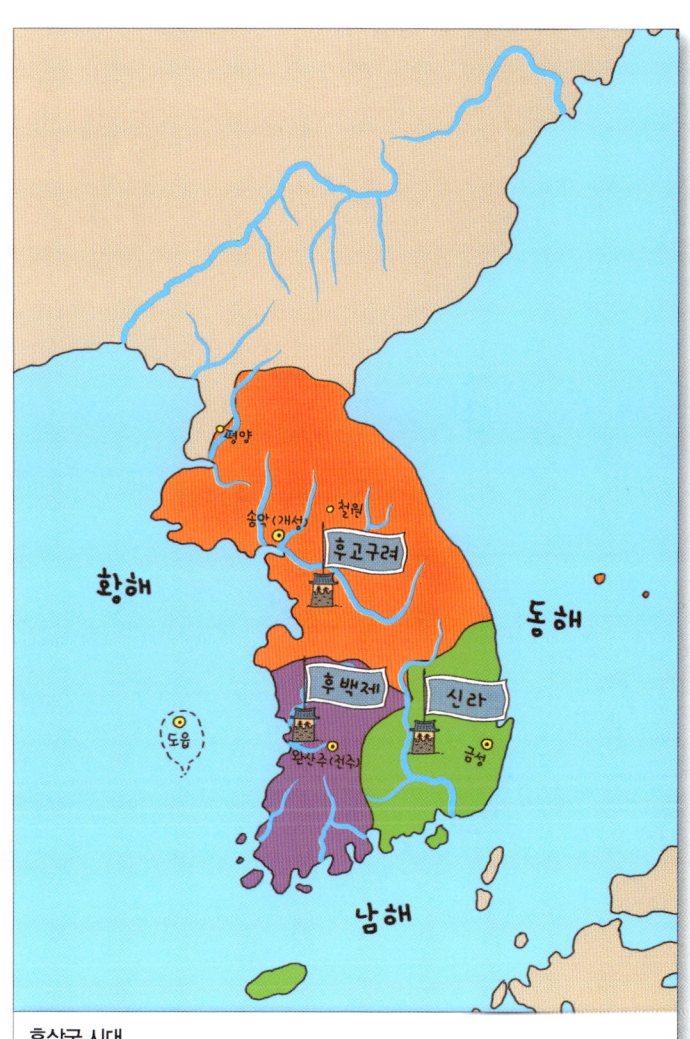

후삼국 시대
견훤이 세운 후백제는 완산주를 도읍으로 하여 옛 백제의 영토인 충청도와 전라도 지역을 차지했어. 궁예가 세운 후고구려는 송악을 도읍으로 하여 황해도, 경기도, 강원도, 충청도에 이르는 옛 고구려의 영토를 차지했단다.

일리천
고려군의 선봉장인 아버지 견훤과 후백제의 왕인 아들 신검이 대치했던 곳이 바로 일리천이야. 지금 이름은 감천인데 경상북도 김천시를 지나 구미시에서 낙동강과 만나지. 옛날에는 낙동강을 타고 오르던 소금배가 지나다닐 정도로 수심이 깊었대.

개태사 삼존불
개태사는 왕건이 후백제를 무너뜨리고 후삼국을 통일한 기념으로 충남 논산에 세운 절 이름이야. 개태사라는 절 이름에는 '태평 시대를 연다'라는 뜻이 담겨 있지. 개태사가 세워질 당시에 삼존불을 모셨단다.

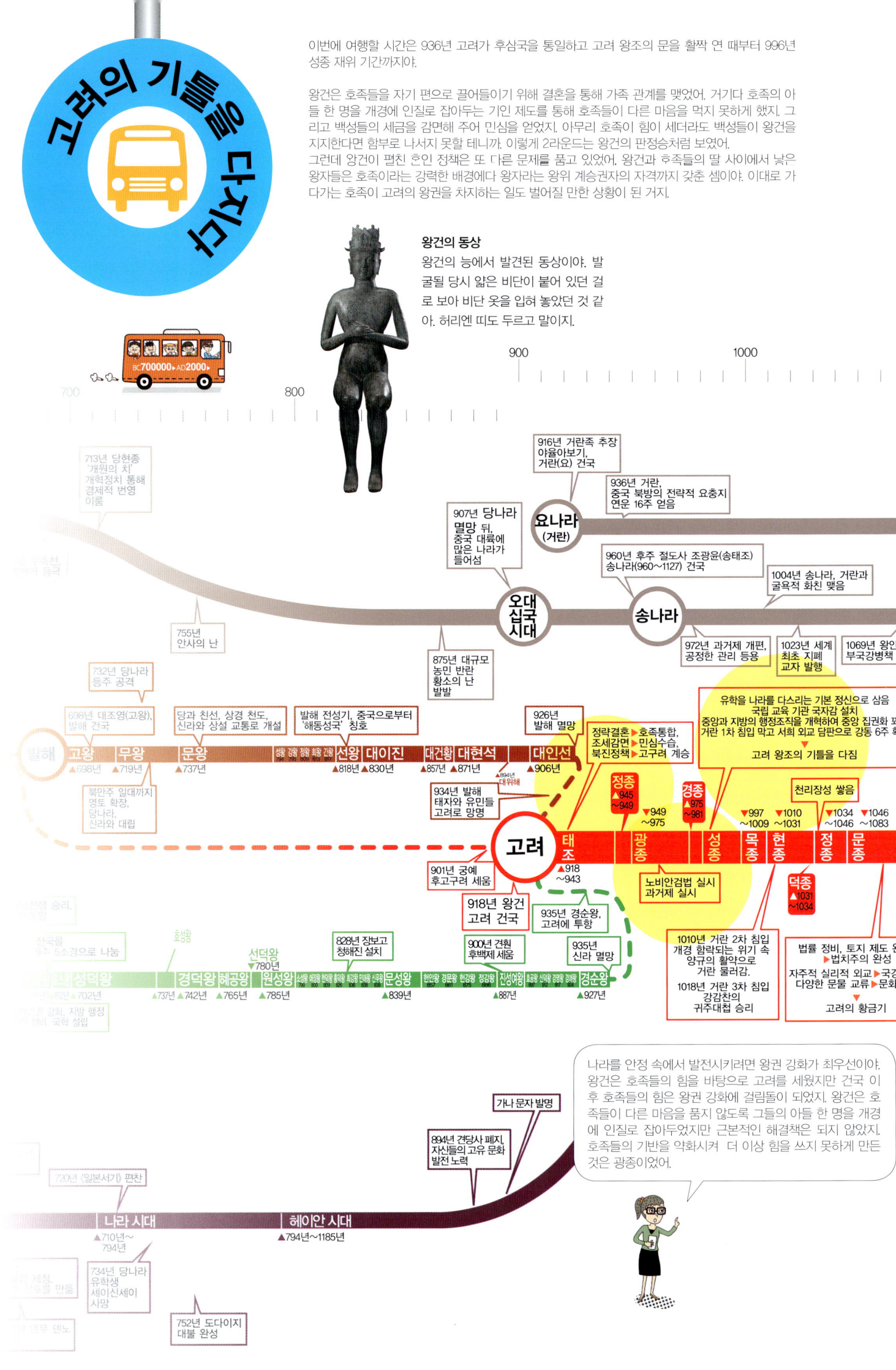

호족과의 3라운드에서는 왕건이 아닌 그의 아들 광종이 나섰어. 광종은 노비안검법을 통해 호족들의 노비를 풀어줌으로써 호족들의 힘을 약화시켰어. 또 과거제를 실시해 배경이 아닌 실력으로 관리들을 뽑았어. 집안만 믿고 있던 사람들에게는 청천벽력 같은 일이었지만 실력은 있었지만 배경이 없던 사람들에게는 하늘이 내린 기회이자 행운이었지. 과거를 통해 뽑힌 관리들은 당연히 자신에게 기회를 준 왕에게 충성을 다했지. 이렇게 호족들의 힘은 약해지고 왕권은 강화되었어. 이렇게 호족들과 고려 왕실과의 대결은 고려 왕실의 승리로 마무리되었어.

이를 바탕으로 고려의 전성기를 꽃 피운 왕은 성종이야. 성종은 유교를 통치 이념으로 삼아 나라의 체제를 정비했어. 중앙 통치 체제를 완성하고 전국에 12목을 설치하고 지방관을 파견해 중앙 정부의 명령이 지방 곳곳까지 미칠 수 있도록 했어. 또 인재를 양성하기 위해 국립 교육 기관인 국자감을 설치했단다.

고려의 기틀을 다진 정책과 관련, 문제에 잘 나오는 핵심 단어

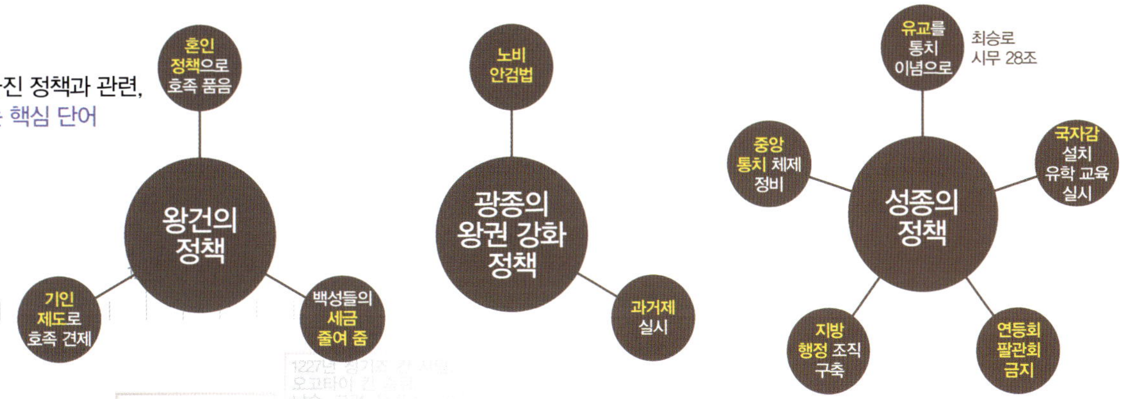

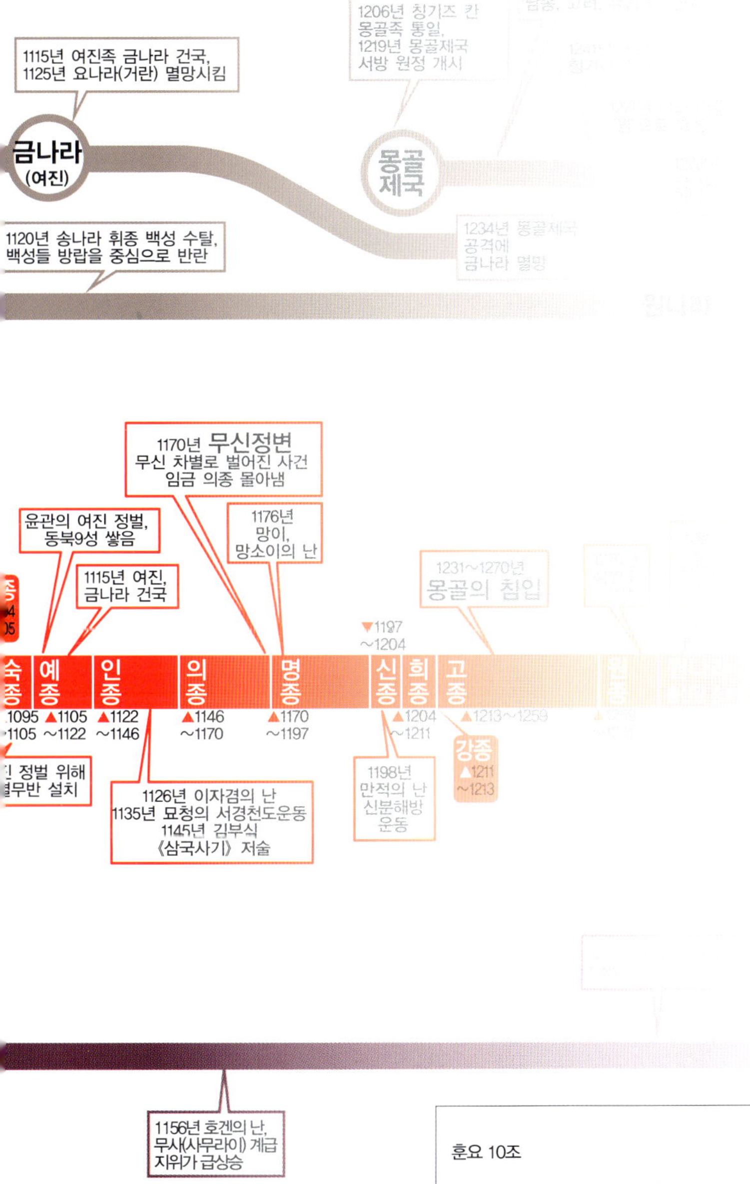

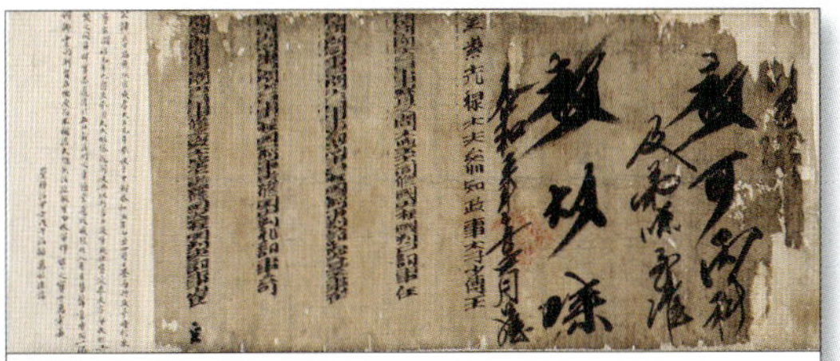

- **왕건의 정책**: 혼인 정책으로 호족 품음 / 기인 제도로 호족 견제 / 백성들의 세금 줄여 줌
- **광종의 왕권 강화 정책**: 노비안검법 / 과거제 실시
- **성종의 정책**: 유교를 통치 이념으로 (최승로 시무 28조) / 국자감 설치 유학 교육 실시 / 연등회 팔관회 금지 / 지방 행정 조직 구축 / 중앙 통치 체제 정비

장양수 홍패(국보 제181호)
1205년(희종 1년) 과거에 급제한 장양수가 받은 합격증이야. 광종은 과거를 통해 실력으로 인재를 뽑았는데 이로써 공신 세력을 견제하고 왕권을 강화할 수 있었어.

고려의 성균관
개성에 있는 성균관은 고려의 최고 교육 기관이야. 992년에 처음 생겼는데 국자감이라고 불렀다가 나중에 성균관으로 바꾸었지. 지금은 고려 역사 박물관으로 이용되고 있단다.

태조 왕건은 죽기 전에 후대 왕들이 지켜야 할 열 가지 가르침을 만들어 전했어. 이 가르침을 '훈요 10조'라 해. '훈요 10조'의 내용은 다음과 같아.

훈요 10조
1조. 불교의 힘으로 나라를 세웠으니 불교를 장려할 것.
2조. 절은 풍수지리설에 따라 정한 곳 외에는 함부로 짓지 말 것.
3조. 왕위는 맏아들이 계승하는 것을 원칙으로 하되 맏아들이 현명하지 못하면 다른 아들이 계승하게 할 것.
4조. 우리나라는 사람과 땅이 중국과 다르니 중국의 제도를 억지로 따르지 말고 거란의 제도를 본받지 말 것.
5조. 서경(평양)에 가서 1년에 100일 이상 머무를 것.
6조. 연등회와 팔관회를 성대히 열 것.
7조. 상벌을 분명히 하고 간언에 귀를 기울여 백성들의 신망을 잃지 말 것.
8조. 차령산맥 이남 외곽 출신은 반란을 일으킬 우려가 있으니 벼슬을 주지 말 것.
9조. 해마다 무예가 뛰어난 사람에게 적당한 벼슬을 줄 것.
10조. 경전과 역사서를 널리 읽어 옛일을 교훈 삼아 반성하는 자세로 나랏일에 임할 것.

세계 속의 코리아

이번에 여행할 공간은 활발하게 여러 나라와 교류했던 국제 무역항 벽란도야.

고려는 주변 여러 나라와 활발히 교류했어. 당시 아주 잘나가던 국제 무역항이 고려의 수도인 개경 근처에 있었다는 걸 보면 바로 이해가 갈 거야. 그 국제 무역항 이름은 '벽란도'! 벽란도는 예성강 입구에 있는 나루터 이름이야. 예성강은 서해로 흘러드는 강으로 외국 상인들은 배를 타고 서해를 건너와 예성강 입구 벽란도에 쉽게 닿을 수 있었어.

덕분에 벽란도에는 송나라 상인, 거란 상인, 여진 상인, 일본 상인, 동남아시아 상인, 아라비아 상인까지 활발히 드나들었단다. 그 중 송나라와의 무역이 가장 활발하게 이루어졌어.

'코리아'는 아라비아 상인이 고려에 다녀간 후 부른 고려의 이름이야. 그때부터 서양인들은 아라비아 상인을 따라서 우리나라를 코리아로 부르게 되었지.

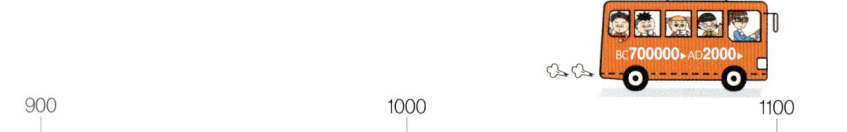

요나라 (거란)
- 916년 거란족 추장 야율아보기, 거란(요) 건국
- 936년 거란, 중국 북방의 전략적 요충지 연운 16주 얻음

금나라 (여진)
- 1115년 여진족 금나라 건국, 1125년 요나라(거란) 멸망시킴
- 1120년 송나라 휘종 백성 수탈, 백성들 방랍을 중심으로 반란

오대십국시대
- 907년 당나라 멸망 뒤, 중국 대륙에 많은 나라가 들어섬
- 875년 대규모 농민 반란 황소의 난 발발

송나라
- 960년 후주 절도사 조광윤(송태조) 송나라(960~1127) 건국
- 1004년 송나라, 거란과 굴욕적 화친 맺음
- 972년 과거제 개편, 공정한 관리 등용
- 1023년 세계 최초 지폐 교자 발행
- 1069년 왕안석, 부국강병책 추진

발해
- 선왕 ▲818년
- 대이진 ▲830년
- 대건황 ▲857년
- 대현석 ▲871년
- 대인선 894년 대위해
- 926년 발해 멸망
- 934년 발해 태자와 유민들 고려로 망명

고려
- 태조 ▲918~943
  - 정략결혼 → 호족통합, 조세감면 → 민심수습, 북진정책 → 고구려 계승
- 정종 ▲945~949
- 광종 ▼949~975
  - 노비안검법 실시, 과거제 실시
- 경종 ▲975~981
- 성종 ▼997~1009
  - 유학을 나라를 다스리는 기본 정신으로 삼음
  - 국립 교육 기관 국자감 설치
  - 중앙과 지방의 행정조직을 개혁하여 중앙 집권화 꾀함
  - 거란 1차 침입 막고 서희 외교 담판으로 강동 6주 획득
  - 고려 왕조의 기틀을 다짐
- 목종 ▼1010~1031
- 현종 ▼1034~1046
  - 1010년 거란 2차 침입 개경 함락되는 위기 속 양규의 활약으로 거란 물러감.
  - 1018년 거란 3차 침입 강감찬의 귀주대첩 승리
- 덕종 ▲1031~1034
- 정종 ▼1046~1083
  - 천리장성 쌓음
- 문종 ▲1083
  - 법률 정비, 토지 제도 완성 → 법치주의 완성
  - 자주적 실리적 외교, 국경 안정, 다양한 문물 교류 → 문화 번성
  - 고려의 황금기
- 순종 ▲1083~1083
- 선종 ▲1083~1094
- 헌종 ▲1094~1095
- 숙종 ▲1095~1105
  - 윤관의 여진 정벌, 동북9성 쌓음
  - 여진 정벌 위해 별무반 설치
- 예종 ▲1105~1122
  - 1115년 여진, 금나라 건국
- 인종 ▲1122~1146
  - 1126년 이자겸의 난
  - 1135년 묘청의 서경천도
  - 1145년 김부식 《삼국사기》 저술
- 의종 ▲1146~1170
  - 1170년 무신정변 무신 차별로 벌어진 임금 의종 몰아냄

신라
- 901년 궁예 후고구려 세움
- 900년 견훤 후백제 세움
- 918년 왕건 고려 건국
- 935년 경순왕, 고려에 투항
- 935년 신라 멸망
- 828년 장보고 청해진 설치
- 문성왕 ▲839년
- 헌안왕 경문왕 헌강왕 정강왕
- 진성여왕 ▲887년
- 효공왕 신덕왕 경명왕 경애왕
- 경순왕 ▼927년
- 894년 견당사 폐지, 자신들의 고유 문화 발전 노력
- 가나 문자 발명

헤이안 시대 ▲794년~1185년

1156년 호겐의 난, 무사(사무라이) 계급 지위가 급상승

문종 때는 고려의 황금기였어. 성종 때 중앙 및 지방의 통치 체제 완성을 통해 내부적으로 안정적 기틀을 다지고, 성종 때와 현종 때에 당시 최고의 군사력을 가진 거란의 침입을 세 차례에 걸쳐 막아내며 힘을 과시한 고려는, 송나라-거란과 힘의 균형을 이루며 자주적이며 실리적인 외교로 대외적 안정을 이루었어.

이러한 대내외적 안정을 바탕으로 고려는 벽란도를 통해 송, 거란, 여진, 일본, 아라비아 등과 활발히 교류했지.

이 결과 문종 때는 문화가 번성하고 법치주의가 자리를 잡았으며 사상과 학문 예술 분야에서 눈부신 발전을 이루었단다.

벽란도로 세계인이 드나들면서 벽란도와 가까운 개경은 국제도시가 되었어. 개경은 국제도시답게 여러 곳에 시장이 있었는데 시장은 시전과 일반시장으로 나뉘었어. 시전은 큰 상점으로 나라에서 운영했고 일반시장은 일반 백성들이 물건을 사고파는 시장이었지.
시전은 남대가라고 하는 큰 길가에 있었는데 남대가를 따라 종이 파는 가게, 기름 파는 가게, 만두 파는 가게 등 다양한 가게들이 쭉 늘어서 있었어.
시장에는 돈이 오가게 마련이지. 고려 성종 때에는 우리나라 최초의 동전인 건원중보를 만들었어. 건원중보 한 닢이면 남대가에서 만두를 사먹을 수 있었던 거야. 하지만 널리 쓰이라고 동전을 만든 뜻과는 달리 그렇게 널리 쓰이지는 않았어.
자 그럼, 북적북적한 국제무역항, 벽란도와 국제도시, 개경을 떠올리며 떠나볼까?

청자 상감운학문 매병
구름과 학 문양이 상감되어 있는 대표적인 고려청자 매병이야.
송나라 사람은 고려청자를 두고 '고려의 비색은 천하제일' 이라고 말했어. 비색이란 고려청자의 은은한 푸른빛을 말해.
이렇게 송나라 사람이 감탄하고 칭찬할 만큼 고려청자는 무척이나 아름다운 예술품이었지

고려 배가 새겨진 청동 항해 무늬 거울
돛을 올린 배가 파도를 헤치고 항해하는 모습이 그려져 있어. 고려 시대의 바닷길을 통한 활발한 교류를 보여 주는 유물이야.

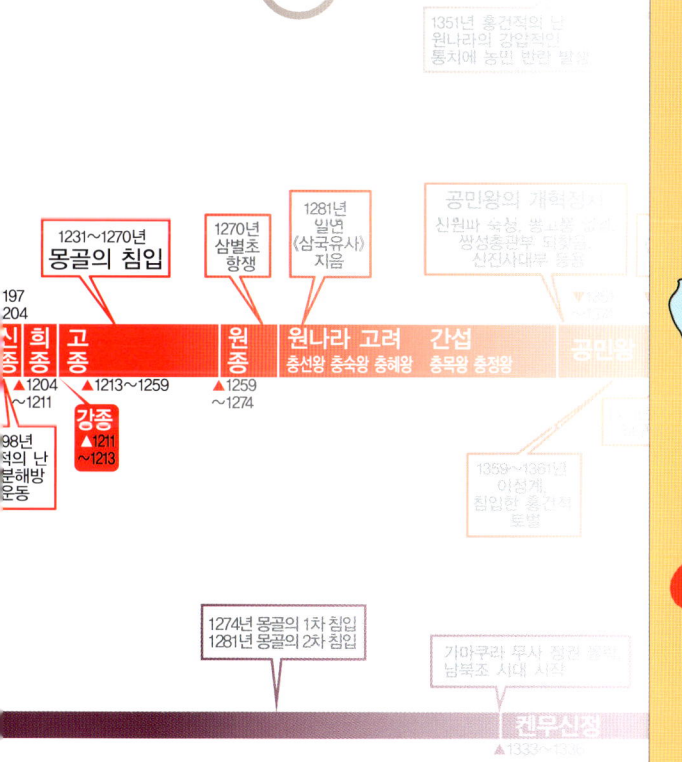

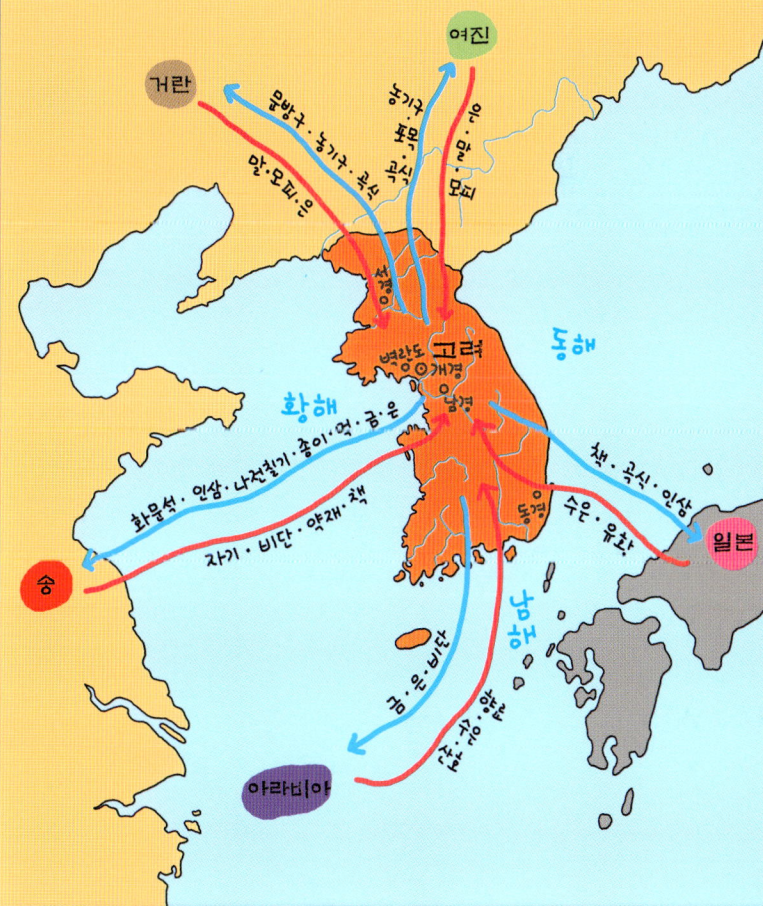

고려의 무역 활동
고려는 송나라와 가장 많은 교류를 했어. 고려는 송나라의 앞선 문물을 받아들이고자 했고 송나라는 고려와 가까이 함으로써 거란과 여진을 견제하려 했지. 거란·여진과도 교류를 했는데 이렇듯 고려는 명분에 얽매이지 않고 스스로를 중심에 놓고 송나라·거란·여진과 자주적이면서도 실리적인 외교를 했단다.

안팎으로 닥친 위기

이번에 여행할 시간은 성종 재위 기간 거란의 1차 침입부터 몽골의 침입과 간섭, 그리고 이를 극복하려 노력한 때야.

나라의 관직을 꿰찬 문벌 귀족들은 권력을 독점하고 많은 토지를 차지했어. 이 중 왕실과 혼인관계를 통해 권력의 정점에 오른 문벌 귀족 이자겸은 왕이 되겠다고 반란을 일으켰지. 풍수지리설을 근거로 이자겸의 반란 등 안 좋은 일이 이어지는 개경을 버리고 서경으로 천도할 것을 주장하던 묘청 또한 자신의 뜻이 받아들여지지 않자 반란을 일으켰어. 두 반란은 진압되었지만 왕권은 심각하게 약화되었어. 특히 묘청의 난을 진압하는 데 공을 세운 문벌 귀족들은 권력을 완전히 독차지하게 되었단다.

기세가 오른 문벌 귀족들은 무신들을 업신여겼는데 참다 못한 무신들은 정변을 일으켜 권력을 잡게 되었어. 무신 정권은 백성들을 가혹하게 수탈했고 삶의 근거를 빼앗긴 백성들은 도적이 되거나 봉기를 일으켰지. 공주 명학소에서는 망이 망소이가 거주 구역에 따른 차별을 없애라며 봉기했고, 개경에서는 만적이 신분 제도를 없애라며 난을 계획하다 발각되기도 했지.

이렇듯 나라 안에서 분열과 대립이 깊어지며 국력이 소진되고 있는 사이, 나라 밖에서는 거대한 위험이 다가오고 있었어.

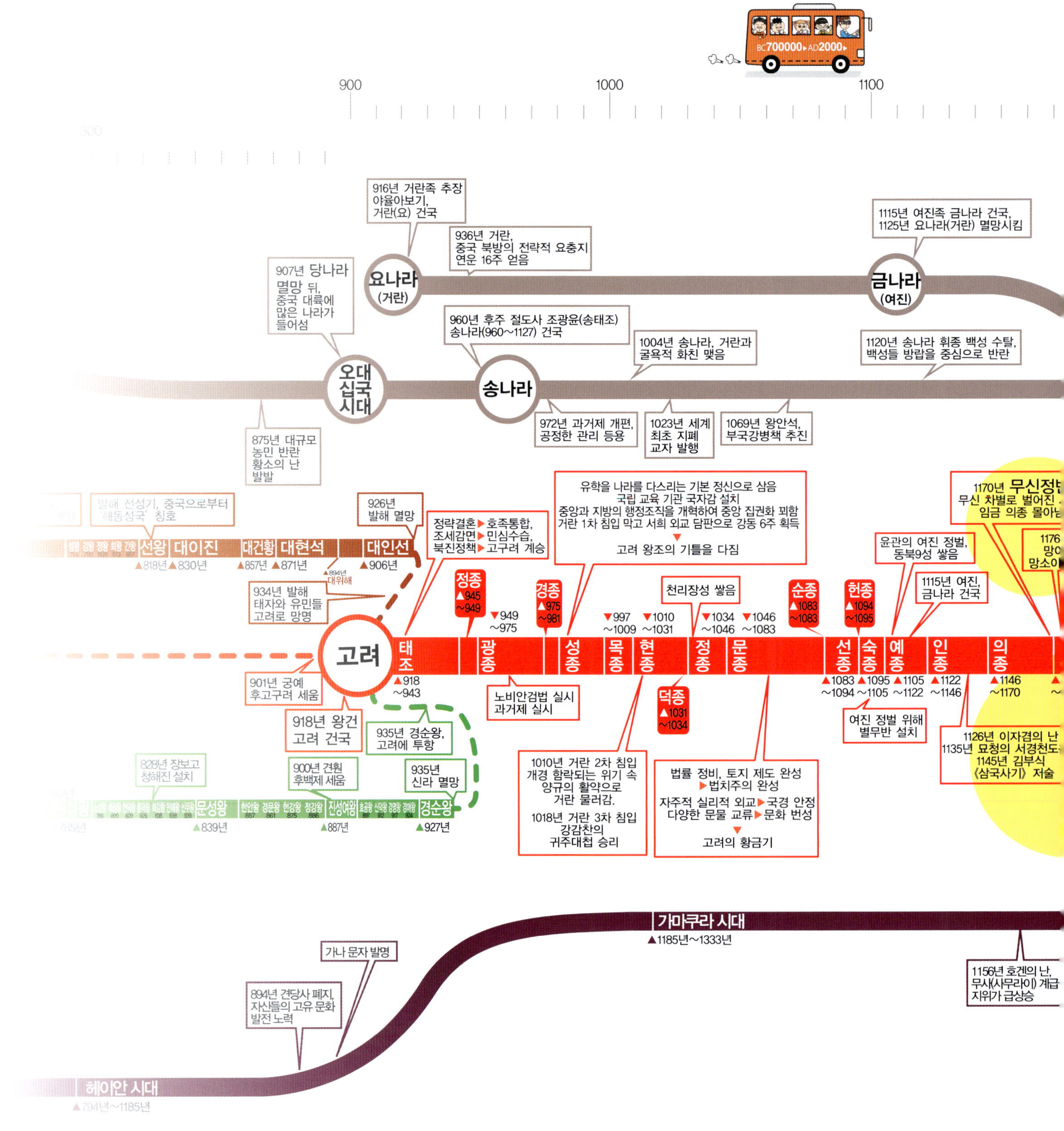

중국

- 907년 당나라 멸망 뒤, 중국 대륙에 많은 나라가 들어섬
- **오대십국시대**
- 875년 대규모 농민 반란 황소의 난 발발
- 916년 거란족 추장 야율아보기, 거란(요) 건국
- 936년 거란, 중국 북방의 전략적 요충지 연운 16주 얻음
- **요나라 (거란)**
- 960년 후주 절도사 조광윤(송태조) 송나라(960~1127) 건국
- **송나라**
- 972년 과거제 개편, 공정한 관리 등용
- 1004년 송나라, 거란과 굴욕적 화친 맺음
- 1023년 세계 최초 지폐 교자 발행
- 1069년 왕안석, 부국강병책 추진
- 1115년 여진족 금나라 건국, 1125년 요나라(거란) 멸망시킴
- 1120년 송나라 휘종 백성 수탈, 백성들 방랍을 중심으로 반란
- **금나라 (여진)**

발해 / 고려

- 발해 선성기, 중국으로부터 '해동성국' 칭호
- **선왕** ▲818년
- **대이진** ▲830년
- **대건황** ▲857년
- **대현석** ▲871년
- **대위해** ▲894년
- **대인선** ▲906년
- 926년 발해 멸망
- 934년 발해 태자와 유민들 고려로 망명
- 901년 궁예 후고구려 세움
- 918년 왕건 고려 건국
- **고려** **태조** ▲918~943
- 935년 경순왕, 고려에 투항
- 935년 신라 멸망
- 정략결혼 → 호족통합, 조세감면 → 민심수습, 북진정책 → 고구려 계승
- **정종** ▲945~949
- **광종** ▼949~975
- 노비안검법 실시, 과거제 실시
- **경종** ▲975~981
- 유학을 나라를 다스리는 기본 정신으로 삼음, 국립 교육 기관 국자감 설치, 중앙과 지방의 행정조직을 개혁하여 중앙 집권화 꾀함, 거란 1차 침입 막고 서희 외교 담판으로 강동 6주 획득
  → 고려 왕조의 기틀을 다짐
- **성종** ▼997~1009
- **목종** ▼1010~1031
- 천리장성 쌓음
- **현종** ▼1034~1046
- **덕종** ▲1031~1034
- 1010년 거란 2차 침입 개경 함락되는 위기 속 양규의 활약으로 거란 물러감. 1018년 거란 3차 침입 강감찬의 귀주대첩 승리
- **정종** ▼1046~1083
- **문종**
- 법률 정비, 토지 제도 완성 → 법치주의 완성 / 자주적 실리적 외교 → 국경 안정 / 다양한 문물 교류 → 문화 번성
  → 고려의 황금기
- **순종** ▲1083~1083
- **선종** ▲1083~1094
- **헌종** ▲1094~1095
- **숙종** ▲1095~1105
- 여진 정벌 위해 별무반 설치
- 윤관의 여진 정벌, 동북9성 쌓음
- **예종** ▲1105~1122
- 1115년 여진, 금나라 건국
- **인종** ▲1122~1146
- 1126년 이자겸의 난, 1135년 묘청의 서경천도, 1145년 김부식 《삼국사기》 저술
- **의종** ▲1146~1170
- 1170년 무신정변, 무신 차별로 벌어진 임금 의종 몰아냄
- 1176 망이 망소이

신라 / 후삼국

- 828년 장보고 청해진 설치
- **문성왕** ▲839년
- **헌안왕 경문왕 헌강왕 정강왕**
- **진성여왕**
- **효공왕 신덕왕 경명왕 경애왕**
- 900년 견훤 후백제 세움
- 887년
- **경순왕** ▲927년

일본

- **헤이안 시대** ▲794년~1185년
- 894년 견당사 폐지, 자신들의 고유 문화 발전 노력
- 가나 문자 발명
- **가마쿠라 시대** ▲1185년~1333년
- 1156년 호겐의 난, 무사(사무라이) 계급 지위가 급상승

거란과 여진의 침입을 막아낸 고려에 이번엔 몽골이 침입했어. 중국 대륙은 물론 아시아를 넘어 유럽 대륙까지 정복의 손길을 뻗친 몽골의 군사력은 가공할 만했지. 이에 몽골군을 피해 무신정권과 고려 왕실은 강화도로 도망쳤어. 몽골군은 버림받은 고려의 백성들을 마음대로 약탈하며 고려 땅을 함부로 유린했지. 이에 백성들이 스스로 들고 일어나 몽골군에 맞서 싸웠어. 특히 김윤후는 백성들과 힘을 모아 몽골군의 사령관을 사살하고 두 차례나 승리를 거두었어. 또한 팔만대장경을 만들어 부처님의 힘으로 몽골을 이겨내길 기원했지. 그러나 고려 왕실은 결국 몽골의 요구에 굴복해 강화도에서 개성으로 돌아가게 되었어. 삼별초는 이를 거부하고 몽골에 대항했어. 그러나 고려와 몽골의 연합군에 진압되면서 고려는 오랜 시간 몽골의 지배와 간섭을 받아야만 했단다.

몽골과의 전쟁이 끝난 후 원나라는 고려 왕자들을 어려서부터 원나라에 가서 살게 했고, 왕자들은 왕위에 오르기 전에 원나라 공주와 무조건 결혼해야 했어. 원나라는 고려의 일에 사사건건 간섭했고, 우리 땅을 빼앗아 직접 지배하기도 했어. 또 고려의 젊은 여자들을 원나라로 강제로 데려갔는데 이때 끌려간 처녀들을 공녀라고 해. 또 이런 원나라를 등에 업고 권력을 제멋대로 주무르며 백성들을 수탈해 자신들의 곳간을 불린 자들이 있었으니 그들을 권문세족이라고 하지. 원나라와 권문세족들에 의해 고려는 나라꼴이 말이 아니었어.

공민왕릉의 문신상과 무신상
공민왕릉에 세워져 있는 문신상과 무신상이야. 왼쪽 위에 있는 석상이 문신이고 오른쪽 아래에 있는 석상이 무신이야. 고려 시대 문신과 무신의 차별을 무덤 석상을 통해서도 알 수 있지.

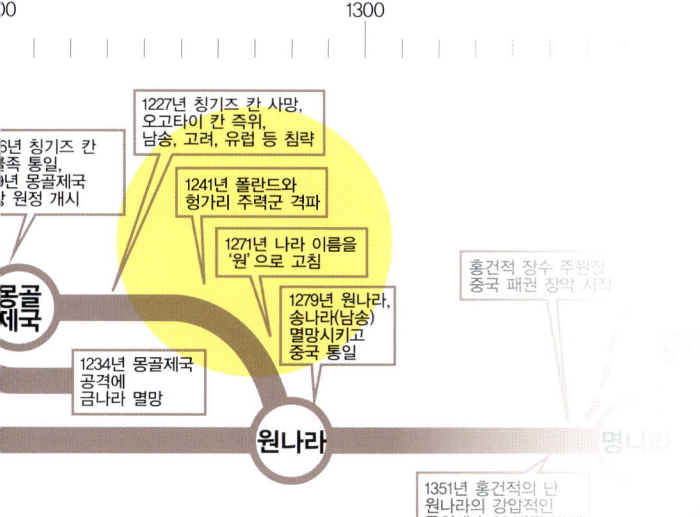

처인성 전투 기록화
몽골에 맞서 벌인 격렬했던 처인성 전투를 그린 기록화야. 왼쪽에 처인성 전투를 이끈 승려 김윤후가 활을 쏘는 모습이 보여.

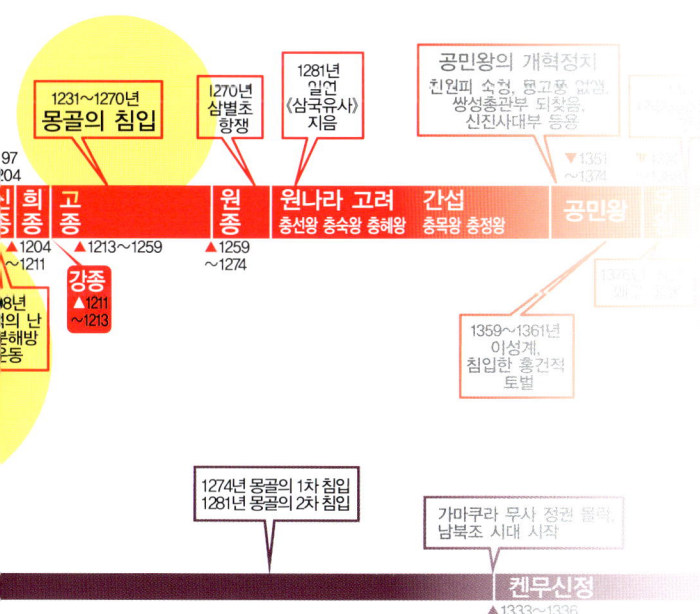

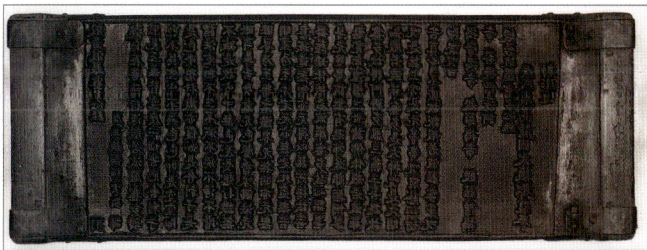

대장경판
불교 경전이나 불교와 관련된 서적을 한데 모은 대장경을 책으로 인쇄하기 위해 만든 목판이야.
대장경을 만든 이유는 몽골의 침략을 부처님의 힘으로 이겨 내기 위해서야. 사실 고려 사람들은 외적의 침입을 받을 때마다 대장경을 만들었어. 시초는 고려 현종 때 거란의 침입을 물리치고자 하는 염원으로 만든 초조대장경이야. 안타깝게도 몽골의 침입으로 불타 버리고 말았어.
팔만대장경은 불교 경전을 새긴 목판의 수가 8만 장이 넘어 팔만대장경이라고 불러. 대장경의 목판은 많은 사람이 함께 새겼지만, 글자 모양이 고르고 틀린 글자도 거의 없다고 해. 또 장경판전에 보관되어 목판이 뒤틀리거나 썩지 않게 잘 보존할 수 있었어. 대장경판은 세계 기록유산으로 등재되었고 장경판전은 세계 문화유산으로 등재되었지.

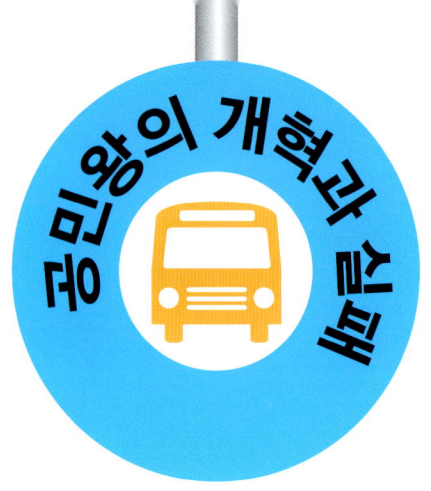

공민왕의 개혁과 실패

이번에 여행할 시간은 1351년 공민왕이 즉위한 때로부터 1392년 이성계가 조선을 건국한 때까지야.

공민왕이 왕위에 올랐을 즈음의 중국은 변화가 많고 혼란한 시기였어. 명나라가 원나라를 밀어내고 중국의 새로운 주인공이 되었지. 공민왕은 나라를 바로잡을 기회가 왔음을 깨닫고 원나라의 지배에서 벗어나기 위한 개혁 정치를 펼쳤어.
공민왕은 가장 먼저 원나라를 등에 업고 나라를 자신들의 이익을 위해 마음대로 주무른 권문세족들을 내쫓기로 했어. 권문세족의 우두머리인 기왕후의 아버지와 오빠를 처벌하고 더 이상 원나라로 공녀를 보내지 않았고 몽골의 풍습을 따라하지 못하게 했지. 또 원나라가 설치했던 정동행성을 없애고 원나라가 빼앗았던 우리 땅을 되찾고 영토도 크게 넓혔지.
공민왕은 승려인 신돈을 등용해 부원 세력에게 억울하게 땅을 빼앗긴 사람들에게 땅을 되돌려 주고 노비가 된 사람들을 노비에서 풀어 주었지. 백성들은 쌍수를 들고 환영하고 지지했어.
그러나 기득권을 지키려 한 권문세족들에게 목숨을 잃으면서 공민왕의 개혁은 실패하고 말았단다.

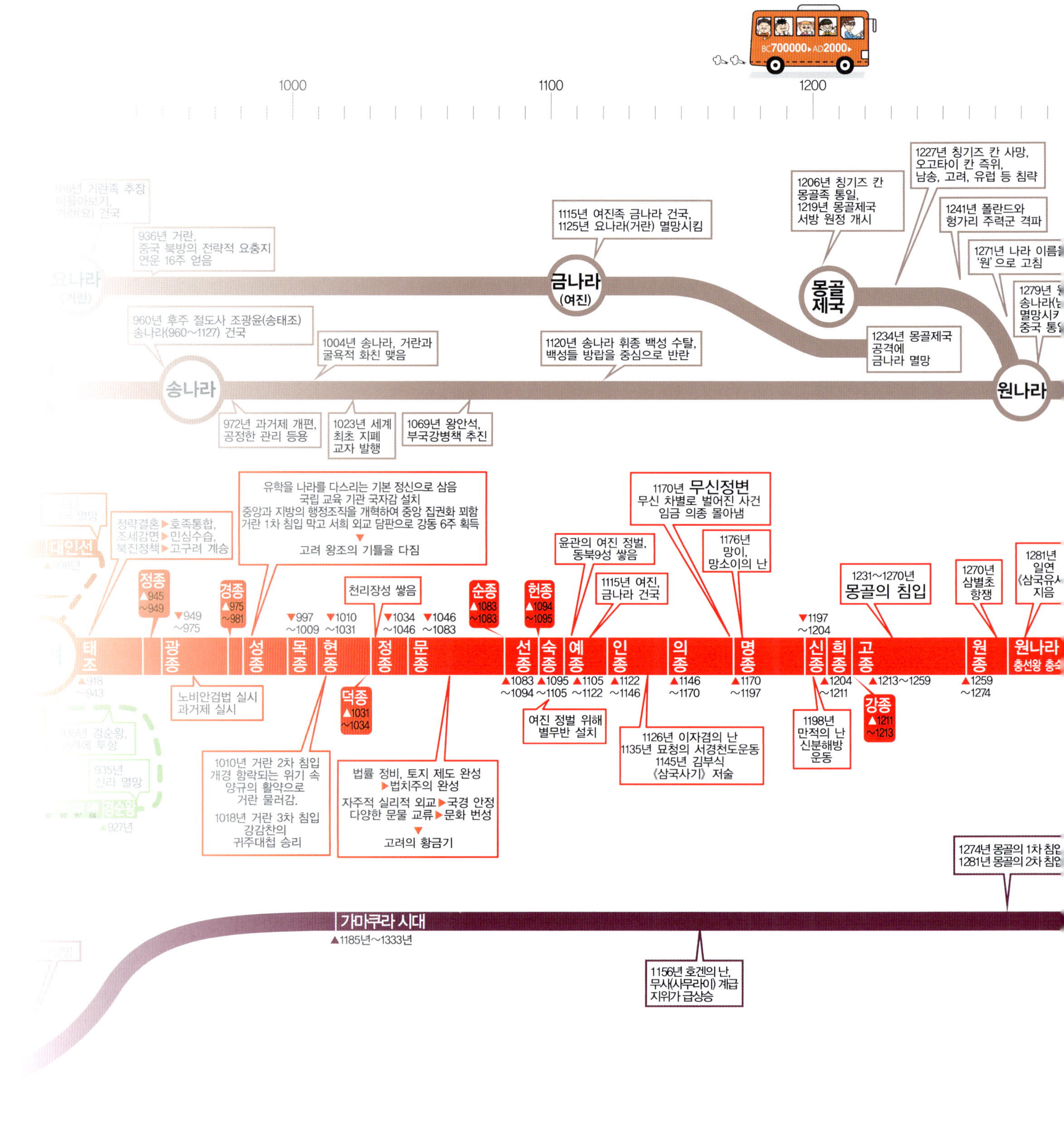

BC700000 AD2000
1000
1100
1200
916년 거란족 추장 야율아보기, 거란(요) 건국
936년 거란, 중국 북방의 전략적 요충지 연운 16주 얻음
요나라 (거란)
960년 후주 절도사 조광윤(송태조) 송나라(960~1127) 건국
1004년 송나라, 거란과 굴욕적 화친 맺음
송나라
972년 과거제 개편, 공정한 관리 등용
1023년 세계 최초 지폐 교자 발행
1069년 왕안석, 부국강병책 추진
1115년 여진족 금나라 건국, 1125년 요나라(거란) 멸망시킴
금나라 (여진)
1120년 송나라 휘종 백성 수탈, 백성들 방랍을 중심으로 반란
1206년 칭기즈 칸 몽골족 통일, 1219년 몽골제국 서방 원정 개시
몽골제국
1227년 칭기즈 칸 사망, 오고타이 칸 즉위, 남송, 고려, 유럽 등 침략
1241년 폴란드와 헝가리 주력군 격파
1271년 나라 이름을 '원'으로 고침
1279년 송나라 멸망시키고 중국 통일
1234년 몽골제국 공격에 금나라 멸망
원나라
대인선
정략결혼▶호족통합, 조세감면▶민심수습, 북진정책▶고구려 계승
유학을 나라를 다스리는 기본 정신으로 삼음
국립 교육 기관 국자감 설치
중앙과 지방의 행정조직을 개혁하여 중앙 집권화 꾀함
거란 1차 침입 막고 서희 외교 담판으로 강동 6주 획득
고려 왕조의 기틀을 다짐
정종 ▲945 ~949
경종 ▲975 ~981
▼949 ~975
▼997 ~1009
▼1010 ~1031
천리장성 쌓음
▼1034 ~1046
▼1046 ~1083
순종 ▲1083 ~1083
헌종 ▲1094 ~1095
윤관의 여진 정벌, 동북9성 쌓음
1115년 여진, 금나라 건국
1170년 무신정변
무신 차별로 벌어진 사건
임금 의종 몰아냄
1176년 망이, 망소이의 난
▼1197 ~1204
1231~1270년 몽골의 침입
1270년 삼별초 항쟁
1281년 일연 《삼국유사》 지음
태조 ▲918 ~943
광종
성종
목종
현종
정종
문종
선종 ▲1083 ~1094
숙종 ▲1095 ~1105
예종 ▲1105 ~1122
인종 ▲1122 ~1146
의종 ▲1146 ~1170
명종 ▲1170 ~1197
신종
희종 ▲1204 ~1211
고종 ▲1213~1259
원종 ▲1259 ~1274
원나라 충선왕 충숙왕
노비안검법 실시
과거제 실시
덕종 ▲1031 ~1034
여진 정벌 위해 별무반 설치
1126년 이자겸의 난
1135년 묘청의 서경천도운동
1145년 김부식 《삼국사기》 저술
1198년 만적의 난 신분해방 운동
강종 ▲1211 ~1213
935년 경순왕, 고려에 투항
935년 신라 멸망
경순왕 ▲927년
1010년 거란 2차 침입
개경 함락되는 위기 속 양규의 활약으로 거란 물러감.
1018년 거란 3차 침입
강감찬의 귀주대첩 승리
법률 정비, 토지 제도 완성 ▶법치주의 완성
자주적 실리적 외교▶국경 안정
다양한 문물 교류▶문화 번성
고려의 황금기
1274년 몽골의 1차 침입
1281년 몽골의 2차 침입
가마쿠라 시대
▲1185년~1333년
1156년 호겐의 난, 무사(사무라이) 계급 지위가 급상승

신진사대부와 조선 건국

고려 말 남쪽에서는 왜구가, 북쪽에서는 홍건적이 침입해 백성들을 약탈하고 죽이는 등 어지러웠어. 이에 최영, 이성계 등이 이들을 격퇴하며 새로운 무인 세력으로 등장했어.

한편 중국에서는 주원장이 원나라를 북쪽으로 몰아내고 명나라를 세웠어. 명나라는 고려에 조공을 요구하면서 철령 이북 땅을 내놓으라고 으름장을 놓았어.

우왕과 최영은 명나라의 요구를 거절하고 아예 요동을 정벌하자고 했어. 하지만 이성계는 이유를 조목조목 들면서 요동정벌에 반대했지.

이성계의 반대에도 우왕과 최영은 이성계에게 요동 정벌을 명했어. 군사들을 이끌고 위화도라는 섬에 도착한 이성계는 요동 땅을 바로 앞에 두고 더 이상 진격하지 않았어. 오히려 군사를 돌려 개경으로 향했지.

최영을 죽이고 우왕을 폐위시킨 이성계는 그를 지지하는 신진사대부와 함께 개혁 정책을 실행했어. 그런데 신진사대부 가운데 정도전은 이미 운이 다한 고려 대신 새로운 나라를 세우고자 했지. 고려를 유지하는 상태에서 개혁으로 나라를 바로잡겠다는 정몽주 등을 제거하고 이성계는 마침내 새로운 나라 조선을 건국했단다.

최영 장군 영정
고려의 명장인 최영 장군은 요동 정벌을 강력하게 주장했어. 하지만 이에 반대하던 이성계에게 결국 처형당하고 말지.

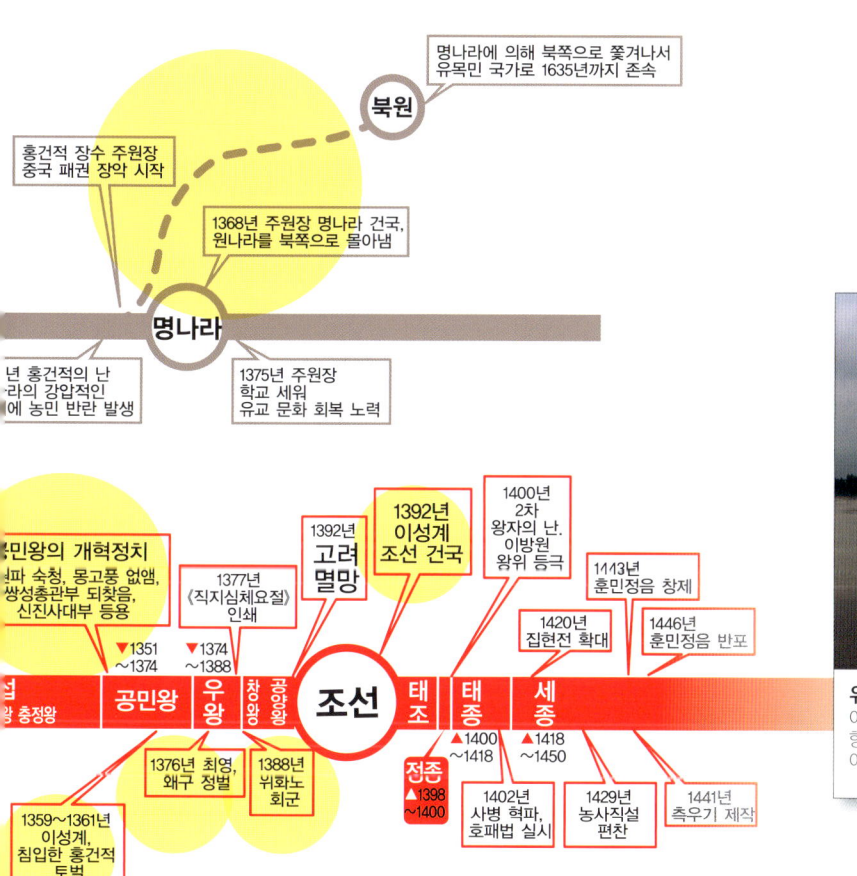

위화도
이성계는 요동으로 들어가는 입구인 압록강의 위화도에서 군사를 돌려 개경으로 향했어. '위화도 회군'은 이성계가 고려 왕조에 맞서 정변을 일으킨 역사적 사건이야.

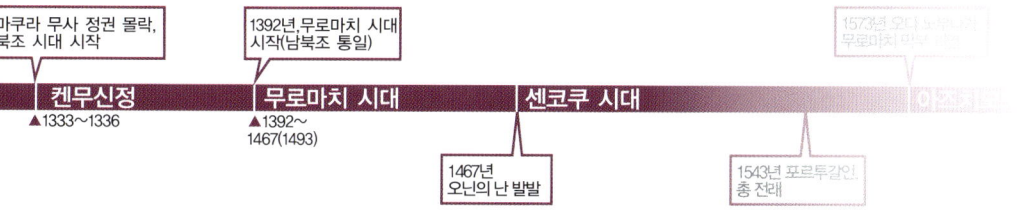

조선의 기초를 다지다

이번에 여행할 시간은 1392년 이성계가 조선을 건국한 때로부터, 1400년 태종이 즉위해서 1418년 세종에게 왕위를 넘기는 때까지야.

혼란스러운 고려 말, 성리학을 공부한 정도전 등의 신진사대부와 이성계를 중심으로 한 신흥 무인 세력은 개혁이 불가능한 고려를 무너뜨리고 새로운 나라 조선을 세웠어.

조선 건국의 일등 공신인 정도전은 유교의 가르침을 기본 정신으로 삼아 새로운 나라의 도읍 한양을 설계했지.

이성계는 나라 이름을 조선으로 정하고 오늘날의 서울인 한양을 도읍지로 삼았어. 조선이란 이름은 이성계가 세운 나라가 그 옛날 고조선을 이어받은 정통성 있는 나라라는 걸 주장하기 위해 지은 거야. 그리고 한양을 도읍지로 삼은 이유는, 첫째 한양의 북쪽으로는 커다란 산이 있어 외적의 침입을 막기 좋았어. 둘째 남쪽에는 한강이라는 큰 강이 흘러 전국에서 거둬들인 세금을 옮기기 좋고 넓은 평야가 펼쳐져 있어 농사짓기도 좋았지. 셋째 고려 때부터 한양이 새 도읍지가 된다는 예언이 퍼져 백성들로부터 새 도읍지로 인정받기 쉽다는 점도 선택의 조건이 되었어.

도읍지를 정한 뒤, 이성계를 도와 조선을 세운 정도전이 새 도읍지의 설계를 맡았어. 정도전은 고려 시대 수많은 잘못을 저지른 불교를 버리고 유교를 나라의 근본 정신으로 삼아야겠다고 생각했어. 그래서 성과 궁궐을 유교의 가르침에 따라 지었지.

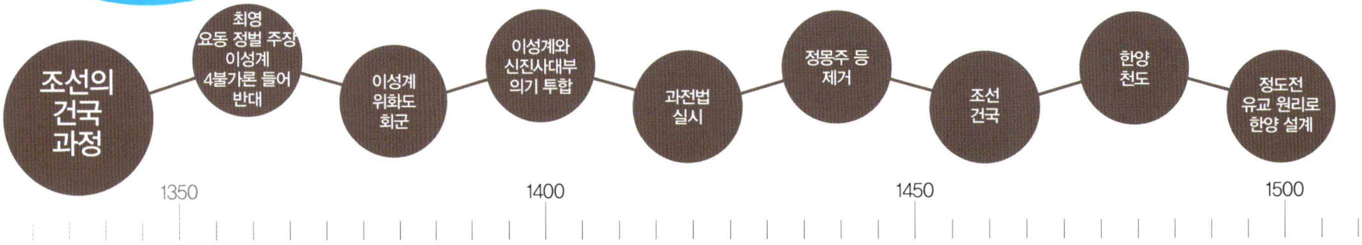

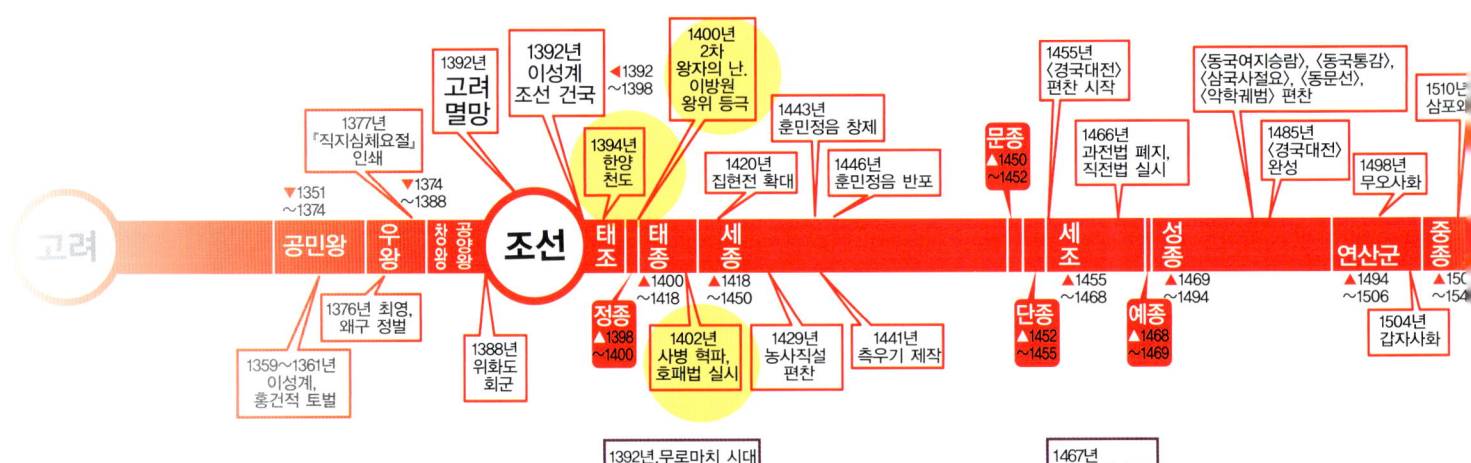

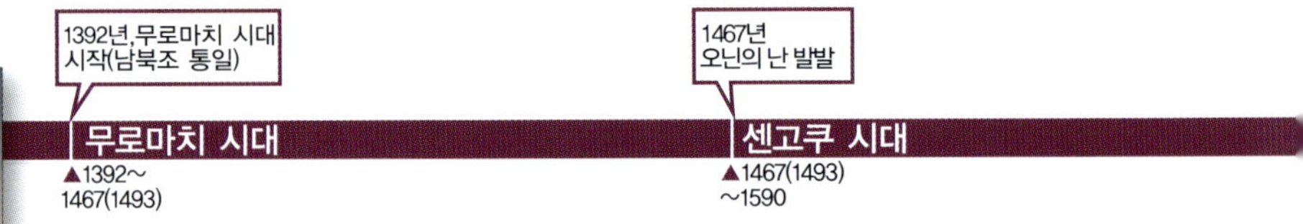

동대문
사진은 한양 도성의 4대문 중 동쪽에 있는 동대문으로 흥인지문이라고 불러, 인의예지 중에서 '인'을 흥하게 하라는 뜻이 담겨 있지.

정도전은 조선이 유교 정신으로 운영되기를 바랐는데, 그의 그런 생각은 한양을 둘러싼 4개의 대문 이름만 봐도 알 수 있어. 유교에선 사람이 갖춰야 할 성품으로 '인의예지'를 꼽아. 이 말의 뜻은, '인(仁)'은 어질어야 함이고, '의(義)'는 의로워야 함이며, '예(禮)'는 예의 발라야 함이고, '지(智)'는 지혜로워야 함을 이르는 거야.

남대문의 원래 이름은 숭례문이야. '례'는 글자 사이에 있을 때 내는 발음이고, 단어의 맨 앞이나 홀로 쓰일 때는 '예'라고 읽어. 숭례는 인의예지 중 예를 높이라는 뜻이야. 동대문의 원래 이름은 흥인지문인데 인을 흥하게 하라는 뜻이고, 서대문의 원래 이름은 돈의문으로 의를 깊이 새기라는 뜻이야. 북대문의 원래 이름은 소지문으로 지(혜)를 밝히라는 뜻이지.

정도전은 한양을 성으로 두르고 네 방향에 문을 낸 뒤 이렇게 유교의 덕목을 이름에 넣어 조선이 유교 사상으로 세워진 나라임을 널리 알린 거야. 한양으로 들어오려면 이 문들을 꼭 거쳐야 했으니 모든 사람이 유교의 덕목을 마음에 새길 수 있었을 거야.

태조 이성계의 뒤를 이은 태종 이방원은 왕권을 강화하기 위해 노력했어. 우선 왕족과 공신들이 사적으로 거느리던 병사들 즉 사병을 없앴어. 그리고 전국을 8도로 나누고 지방관을 파견해 왕의 명령이 전국 구석구석에 미치도록 했지. 그리고 나라의 중요한 사안을 왕에게 직접 보고하도록 하는 6조 직계제를 실시했단다. 그리고 호패법을 실시해 모든 사람들이 자신의 신분을 알리는 호패를 차고 다니도록 했는데, 이를 통해 세금 징수나 요역 징발 대상을 쉽게 파악할 수 있었어. 어느 누구라도 빠짐없이 세금을 내게 해 나라 곳간을 채웠고 성벽 건설이나 군대에 필요한 인원을 효율적으로 동원할 수 있었어. 아울러 신문고를 설치해 백성들의 억울한 사연을 왕이 들을 수 있게 했단다.

그러나 태종이 다른 무엇보다 중요하게 여긴 것은 왕의 권위에 도전할 만한 세력들을 제거하는 것이어서, 여기에는 친인척뿐만 아니라 형제들도 예외가 없었지. 조선의 건국과 설계에 일등공신인 정도전과 세자인 동생도 태종의 칼날에 목숨을 잃었어. 제거 과정은 피도 눈물도 없이 가혹했지만 그 덕에 나라는 빠르게 안정되었고 조선의 기틀을 다질 준비가 되었단다.

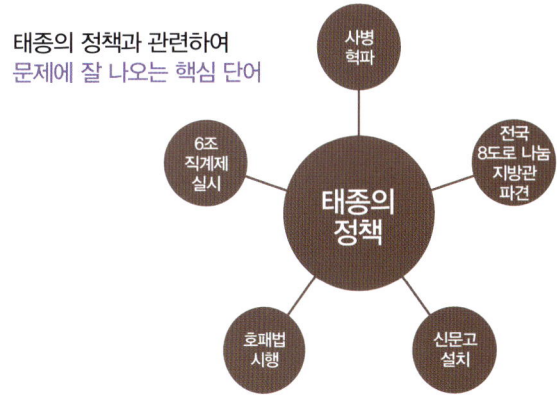

태종의 정책과 관련하여 문제에 잘 나오는 핵심 단어
- 사병 혁파
- 전국 8도로 나눔 지방관 파견
- 6조 직계제 실시
- 호패법 시행
- 신문고 설치

태조 이성계
새로운 나라를 건국한 태조 이성계는 나라 이름을 조선으로 정하고 한양을 도읍지로 삼았어.

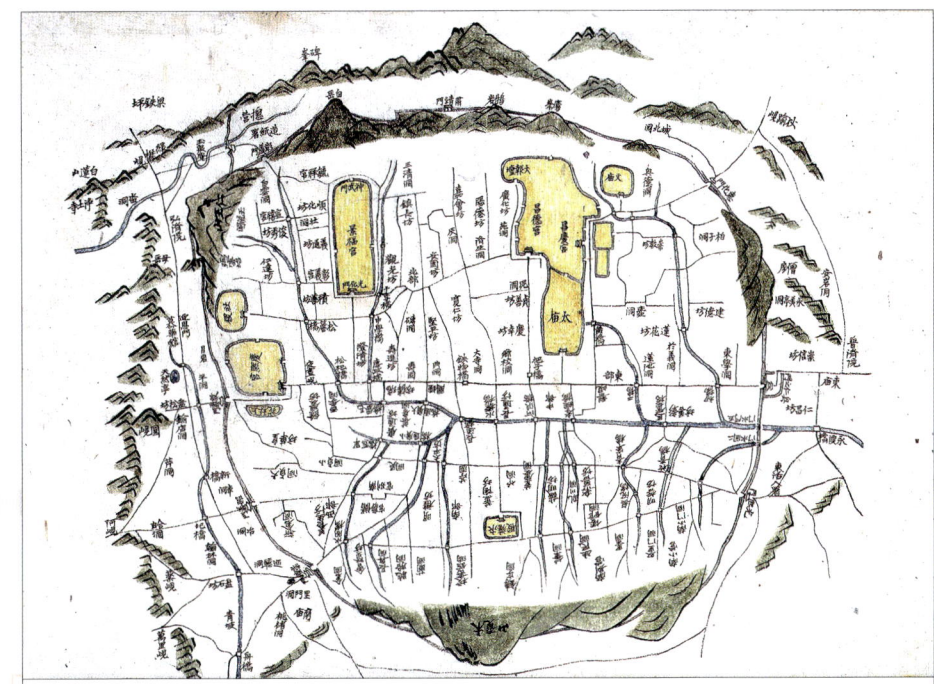

한양도성도
옛 한양의 모습을 정밀하게 그린 지도야. 정도전이 설계한 새 도읍지의 모습을 한눈에 볼 수 있어. 도성의 동서남북에는 각각 성의 대문이 있고 도성 내에는 경복궁을 비롯해 창덕궁과 창경궁이 보이는구나.

호패
16세 이상의 남자가 차고 다녔는데, 신분에 따라 재질과 모양이 달랐어. 세금을 부과할 대상을 파악하는 데 활용되었어.

근정전 앞마당의 품계석과 박석 고리
근정전은 경복궁에서 가장 중심에 있는 으뜸가는 건물인 정전이야. 근정전의 '근정'은 열심히 나랏일을 보라는 뜻이지. 근정전 앞마당에는 정1품부터 종9품까지 18등급의 품계석이 두 줄로 나란히 늘어서 있어. 웅장한 근정전에 버티고 선 태종과 앞마당에 자기 자리를 정확히 잡고 있는 신하들을 생각해 봐. 왠지 위계질서가 딱 잡힌 느낌이 들지 않니?
사진 아래쪽에 있는 둥근 쇠는 천막을 칠 때 이용한 박석 고리야. 그리고 바닥은 미끄럽거나 눈이 부시지 않게 울퉁불퉁하게 만들었어.

위대한 성군 세종

조선의 제4대 왕인 세종대왕은 태종이 다져 놓은 안정된 왕권을 바탕으로 조선의 문화와 과학, 경제, 예술 등 사회 전 분야를 크게 발전시켰어. 유교 정치를 실현하기 위해 집현전을 설치하고 인재를 모아 학문을 연구했고, 경연을 통해 왕과 신하가 함께 학문과 나랏일을 토론했지. 측우기와 각종 농업 관련 책을 만들어 농사를 잘 지을 수 있도록 도왔고, 해시계, 물시계를 만들어 백성들 생활에 도움이 되도록 했어. 여진을 몰아내고 영토를 확장했고 쓰시마를 정벌하여 왜구를 소탕했지. 그리고 무엇보다 우리 민족에게 가장 중요한 것, 바로 우리 문자인 한글을 창제했단다.

세종대왕
누구보다도 탁월한 리더십을 발휘한 군주야. 자신이 먼저 솔선수범해 학문에 매진했고, 신하들 각자가 가진 재능을 잘 발휘할 수 있게 했을 뿐만 아니라 시너지 효과가 날 수 있도록 팀을 잘 조직했단다.

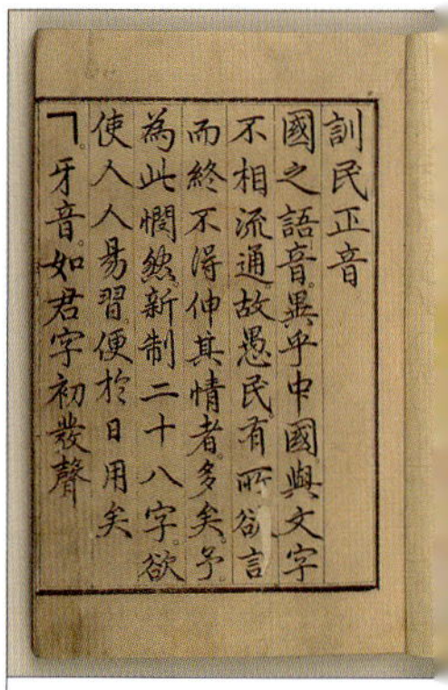

훈민정음
세종은 우리 글자를 처음으로 만들었어. 이 글자를 훈민정음이라 불렀지.

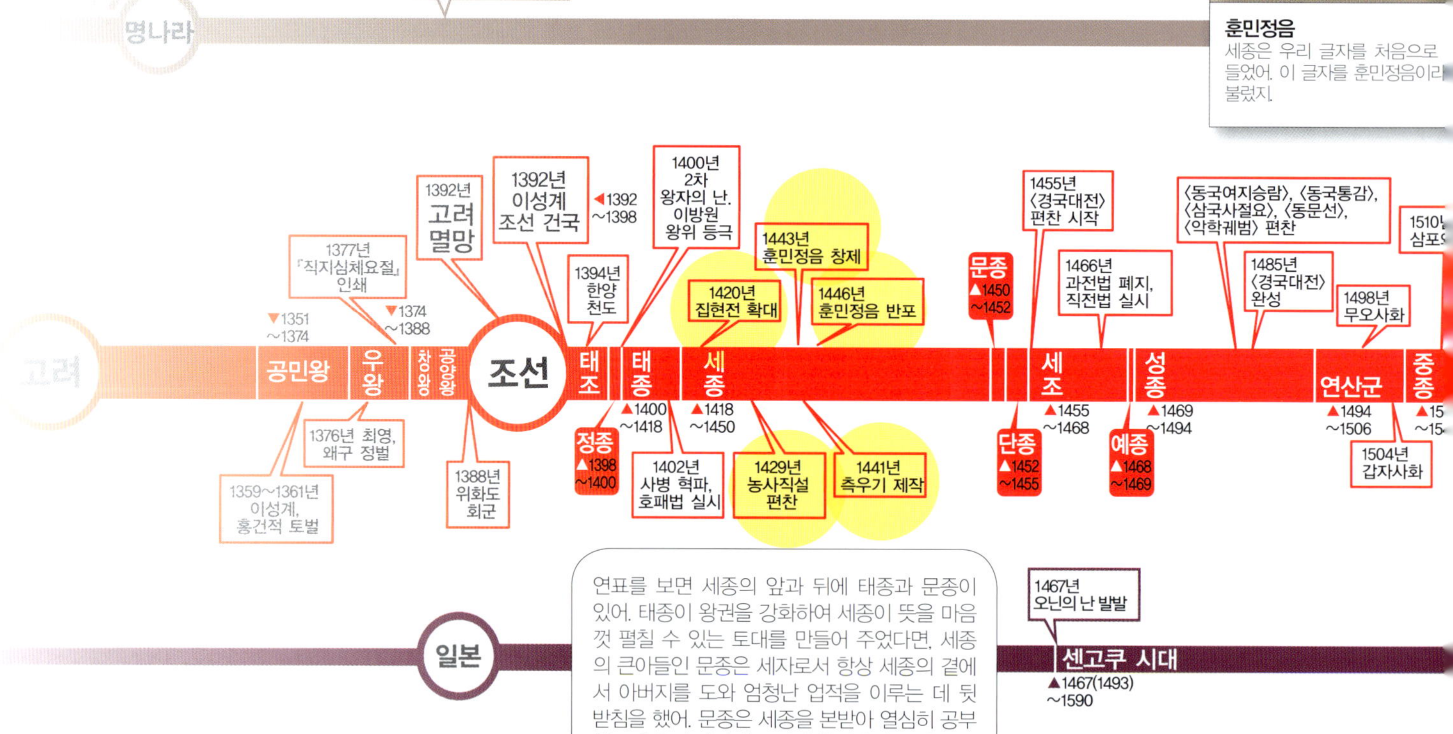

명나라
- 1368년 주원장 명나라 건국, 원나라를 북쪽으로 몰아냄 (북원)
- 1375년 주원장 학교 세워 유교 문화 회복 노력

고려 / 조선 연표
- 1351~1374 공민왕
- 1359~1361년 이성계, 홍건적 토벌
- 1374~1388 우왕
- 1376년 최영, 왜구 정벌
- 1377년 『직지심체요절』 인쇄
- 1388년 위화도 회군
- 창왕 / 공양왕
- 1392년 고려 멸망
- 1392년 이성계 조선 건국
- 1392~1398 태조
- 1394년 한양 천도
- 1398~1400 정종
- 1400년 2차 왕자의 난, 이방원 왕위 등극
- 1400~1418 태종
- 1402년 사병 혁파, 호패법 실시
- 1418~1450 세종
- 1420년 집현전 확대
- 1429년 농사직설 편찬
- 1441년 측우기 제작
- 1443년 훈민정음 창제
- 1446년 훈민정음 반포
- 1450~1452 문종
- 1452~1455 단종
- 1455~1468 세조
- 1455년 〈경국대전〉 편찬 시작
- 1466년 과전법 폐지, 직전법 실시
- 1468~1469 예종
- 1469~1494 성종
- 〈동국여지승람〉, 〈동국통감〉, 〈삼국사절요〉, 〈동문선〉, 〈악학궤범〉 편찬
- 1485년 〈경국대전〉 완성
- 1494~1506 연산군
- 1498년 무오사화
- 1504년 갑자사화
- 1510년 삼포(왜란)
- 중종 15...

일본
- 센고쿠 시대 1467(1493)~1590
- 1467년 오닌의 난 발발

연표를 보면 세종의 앞과 뒤에 태종과 문종이 있어. 태종이 왕권을 강화하여 세종이 뜻을 마음껏 펼칠 수 있는 토대를 만들어 주었다면, 세종의 큰아들인 문종은 세자로서 항상 세종의 곁에서 아버지를 도와 엄청난 업적을 이루는 데 뒷받침을 했어. 문종은 세종을 본받아 열심히 공부했고 측우기 제작에도 직접 참여했지. 또 훈민정음을 널리 알리고 퍼뜨리는 일을 주도하기도 했어. 그러나 몸을 돌보지 않고 공부에 전념한 나머지 건강이 좋지 않았고 안타깝게도 왕이 되고 얼마 안 되어 세상을 떠나고 말아. 그의 죽음으로 조선은 세종의 업적을 이어 나라를 더욱 발전시킬 기회를 잃게 되었어. 아울러 이어지는 비극적 사건들의 시작이 되었단다.

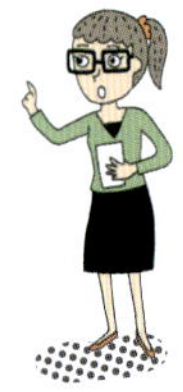

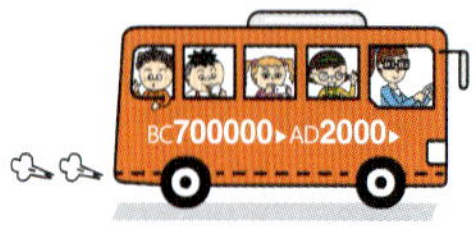

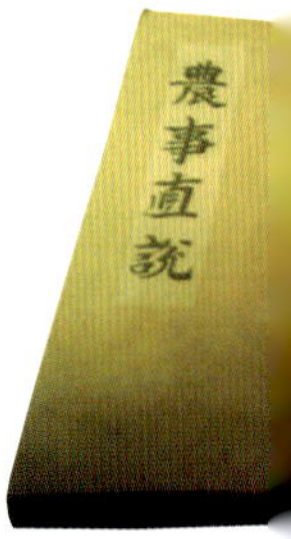

집현전 학사도
세종은 집현전을 세우고 젊고 유능한 학자들을 모아 학문을 연구하게 했어.

세종의 업적과 관련하여 문제에 잘 나오는 핵심 단어

- 훈민정음 창제
- 『칠정산』 『농사직설』 『향약집성방』 편찬
- 4군 6진 개척 쓰시마 정벌
- 측우기 자격루(물시계) 혼천의 등 과학기구 제작
- 의정부 서사제 실시
- 집현전 설치

→ **세종의 업적**

한글이 만들어진 원리를 한번 볼까? 기본 자음인 ㄱ, ㄴ, ㅁ, ㅅ, ㅇ은 발음 기관의 모양을 본떠서 만들었고, 기본 모음인 ㅏ, ㅑ, ㅓ, ㅕ, ㅗ, ㅛ, ㅜ, ㅠ, ㅡ, ㅣ는 세상을 이루는 '천(하늘), 지(땅), 인(사람)'에서 따왔어. 이 기본 자음과 모음이 다양하게 조합되면서 모든 소리를 글로 나타낼 수 있단다. 기본 자모만 알면 되니까 배우기도 쉽지. 이렇게 과학적이고 독창적이며 배우기까지 쉬운 글자가 바로 훈민정음이야. 훈민정음의 진정한 의미는 우리만의 글자가 생겼다는 것이고, 양반뿐만 아니라 백성들도 글을 써서 자기의 생각을 표현할 수 있게 되었다는 거지. 세종이 훈민정음을 만듦으로써 언어 사용에서만큼은 평등을 이루었다는 것도 큰 의미가 있어. 훈민정음 창제는 민본 정치 사상의 꽃이라 할 수 있단다.

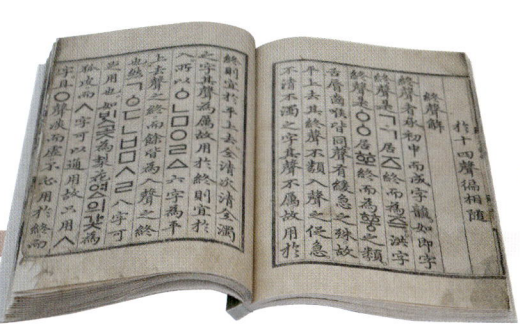

훈민정음해례본
한글의 자음과 모음 등 구성 원리가 자세하게 설명되어 있는 책이야.

측우기
비가 내리는 양을 정확하게 측정하기 위해 만든 기구야.

혼천의
하늘 위에 떠 있는 태양, 달, 행성 등 천체의 운행과 위치를 알려 주는 천문 관측기구야.

농사직설
중국의 농사법이 아닌 우리나라의 자연 환경에 맞고 우리 백성이 직접 경험한 농사법을 정리한 책이야.

자격루
자동으로 시간을 알려주는 물시계야. 나무 인형이 종, 북, 징을 쳐서 시간을 알려줘.

앙부일구
세종이 장영실 등 과학자들에게 만들게 한 해시계야. 바늘의 그림자가 가리키는 눈금에 따라 시각을 알 수 있어.

유교적 질서로 이끌어 나가다

조카 단종을 죽이고 왕이 된 세조는 왕권을 강화했어. 이 과정에서 세조는 세종이 실시한 의정부 서사제 대신 태종의 6조 직계제를 부활시켰어. 또 인재를 길러 내던 집현전과 신하들의 말을 경청할 경연을 없애 버려. 그리고 자신을 왕으로 추대한 신하들 말만 들었지. 훈구파라고 하는 이 신하들은 온갖 부정부패를 자행했어. 조선은 이렇듯 허무하게 망가졌을까? 다행히도 세조 다음 다음 왕인 성종은 훈구파를 견제하고 성리학을 공부한 사람을 등용해 학문을 중요시하는 분위기를 되살렸어.

조선 건국 당시 정도전은 신하들이 중심이 되어 나랏일을 꾸려나가야 한다는 생각으로 의정부 서사제를 내세웠어. 그러나 태종은 신하가 아닌 왕이 나라의 주인임을 강조하며 왕권 강화를 위해 6조 직계제를 선택했지. 그러나 세종은 왕과 신하가 조화를 이루어 나라를 이끌어가는 이상적인 정치 형태인 의정부 서사제를 실시했어. 이후 정변을 일으켜 왕이 된 세조는 자신을 반대하는 세력의 정치적 목소리를 억누르려 6조 직계제를 선택했지. 이후 다시 유교적 이상 실현을 꿈꾼 성종은 의정부 서사제를 실시했어. 이렇듯 6조 직계제와 의정부 서사제는 정치적 상황에 따라 선택적으로 시행되었단다.

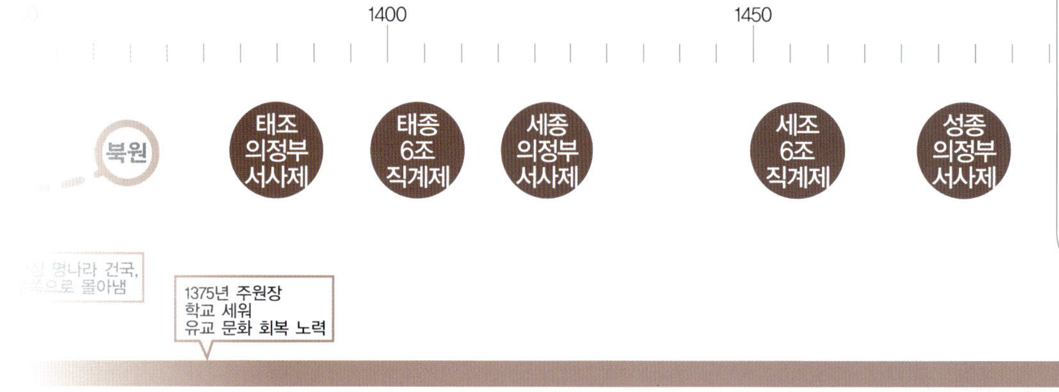

1400 — 1450 — 155

 복원  태조 의정부 서사제 태종 6조 직계제 세종 의정부 서사제 세조 6조 직계제  성종 의정부 서사제

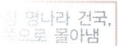

1375년 주원장 학교 세워 유교 문화 회복 노력

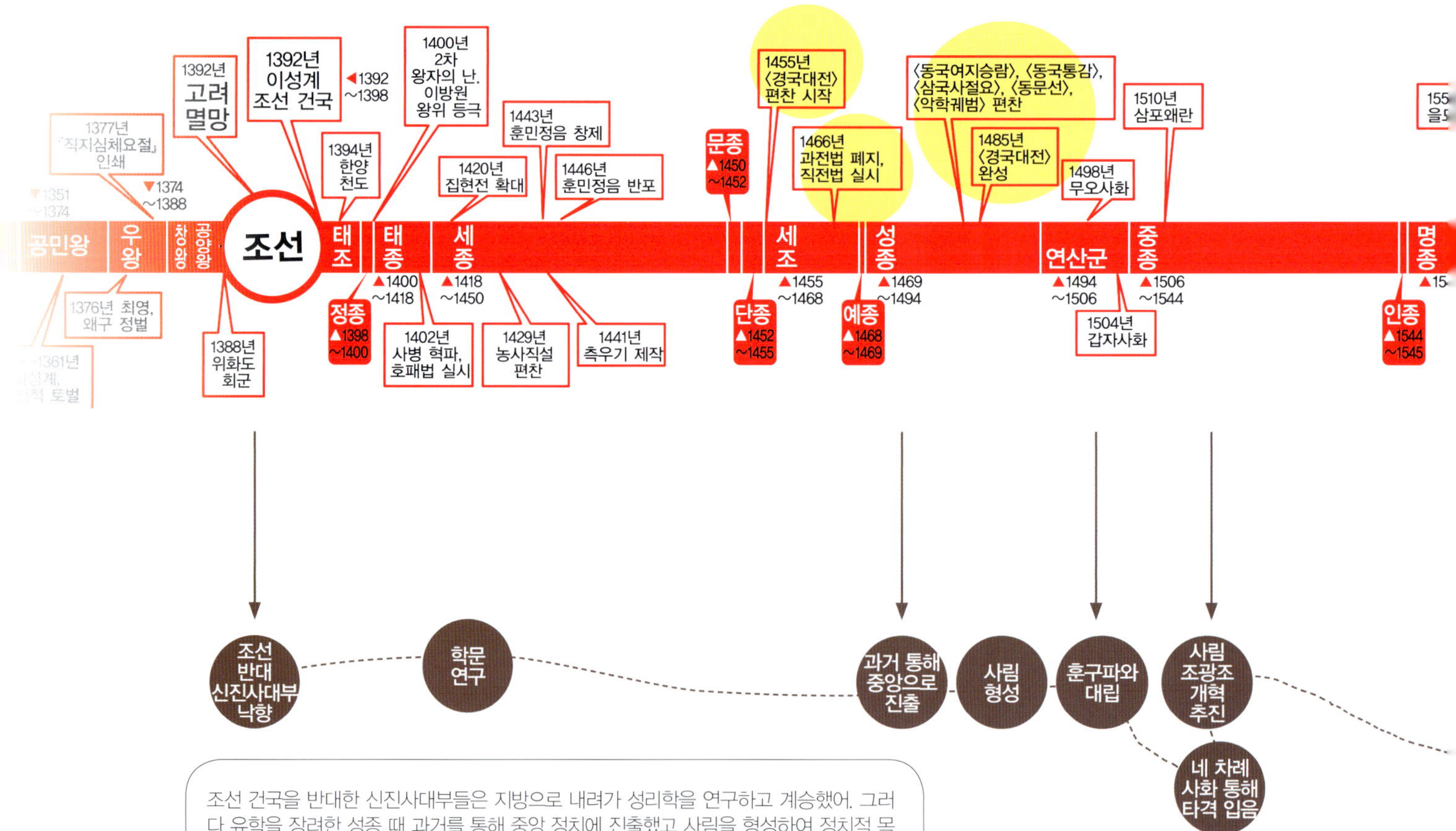

1377년 『직지심체요절』 인쇄

1351 ~1374

1376년 최영, 왜구 정벌

1361년 ... 적 토벌

공민왕 | 우왕 | 창왕 | 공양왕 | **조선** | 태조 | 태종 | 세종 | 문종 | 세조 | 성종 | 연산군 | 중종 | 명종

1392년 고려 멸망

1392년 이성계 조선 건국

◀1392 ~1398

1394년 한양 천도

1400년 2차 왕자의 난. 이방원 왕위 등극

1443년 훈민정음 창제

1420년 집현전 확대

1446년 훈민정음 반포

1455년 〈경국대전〉 편찬 시작

1466년 과전법 폐지, 직전법 실시

〈동국여지승람〉, 〈동국통감〉, 〈삼국사절요〉, 〈동문선〉, 〈악학궤범〉 편찬

1485년 〈경국대전〉 완성

1510년 삼포왜란

1498년 무오사화

155 을사

태조 ▲1392 ~1398

정종 ▲1398 ~1400

태종 ▲1400 ~1418

세종 ▲1418 ~1450

문종 ▲1450 ~1452

단종 ▲1452 ~1455

세조 ▲1455 ~1468

예종 ▲1468 ~1469

성종 ▲1469 ~1494

연산군 ▲1494 ~1506

중종 ▲1506 ~1544

인종 ▲1544 ~1545

1388년 위화도 회군

1402년 사병 혁파, 호패법 실시

1429년 농사직설 편찬

1441년 측우기 제작

1504년 갑자사화

조선 반대 신진사대부 낙향 → 학문 연구 → 과거 통해 중앙으로 진출 → 사림 형성 → 훈구파와 대립 → 사림 조광조 개혁 추진 → 네 차례 사화 통해 타격 입음

조선 건국을 반대한 신진사대부들은 지방으로 내려가 성리학을 연구하고 계승했어. 그러다 유학을 장려한 성종 때 과거를 통해 중앙 정치에 진출했고 사림을 형성하여 정치적 목소리를 강화하며 훈구파와 대립했지. 그러다 사화로 사림 세력들은 큰 피해를 입기도 했어. 훈구파를 견제하려는 중종은 사림을 중용하였는데 사림인 조광조를 통해 개혁을 시도했지. 그러나 지나치게 급진적인 조광조의 정책에 입장이 바뀐 중종은 조광조를 내치면서 중앙 정치에서 사림 세력도 타격을 입었어. 이후 지방에서 학문을 연구하며 힘을 키운 사림은 선조 때 이르러 지배적인 정치 세력으로 자리잡았단다.

성종은 김종직 같은 유학을 깊이 공부한 사람들을 관리로 등용해 유교 정치를 강화했어. 사림은 고려 말의 신진사대부로부터 비롯된 사람들이야. 이들은 조선이 건국될 때 건국에 참여하지 않고 지방으로 내려가 성리학을 연구하고 교육에 힘쓴 사람들이야. 쉽게 말해 정몽주의 후예라고 생각하면 될 거야.

성종이 즉위할 때는 세조가 왕위에 오르는 것을 도운 공으로 득세한 한명회, 권람, 신숙주 같은 훈구파가 왕실을 쥐락펴락하며 재물을 늘리려 온갖 부정부패를 일삼고 있었어. 성종은 그런 훈구파를 견제하고 또 나라를 발전시킬 인재를 사림에서 찾은 거지. 성종의 사림 중용은 정치뿐만 아니라 학문 수준도 높아지는 결과로 이어졌어.

성종은 학문을 사랑해 여느 학자보다 더 깊이 공부했고 학자들에게는 많은 책을 편찬하게 했어. 이때 편찬된 책으로 『동국여지승람』, 『동국통감』, 『삼국사절요』, 『동문선』, 『악학궤범』 등이 있지.

무엇보다도 성종 시대에 『경국대전』 편찬이 완료되었다는 게 큰 성과였어. 『경국대전』은 조선 시대 통치의 기본 법전인데 세조 때 편찬하기 시작해 성종 때 와서 완성되었어. 이렇게 성종 시대에는 정치, 경제, 문화적으로 성숙해 태평성대를 이루었단다.

조선 시대 정치 형태와 관련하여
문제에 잘 나오는 6조 직계제와 의정부 서사제

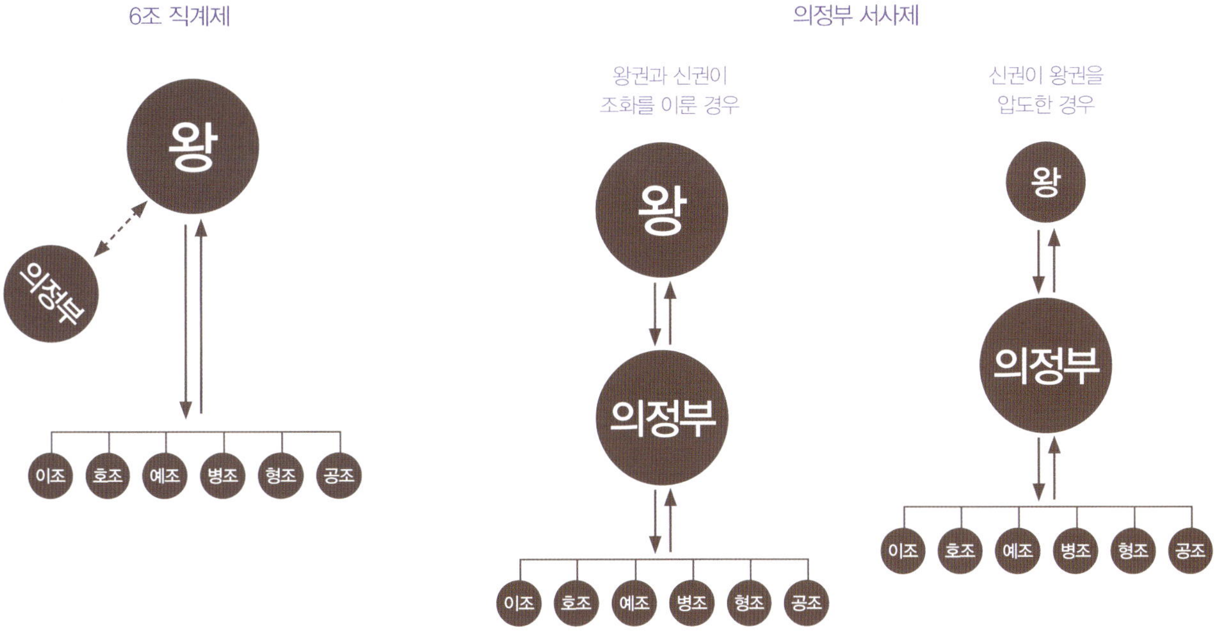

6조 직계제는 실무를 담당하는 6조에 왕이 직접 명령함으로써 나랏일이 진행되므로 의정부의 힘은 위축되고 왕권은 강화돼. 반대로 의정부 서사제는 6조의 보고를 의정부에서 받아 왕에게 정책 방향을 건의하고 왕이 재가하는 식이므로 신하들의 권한이 커져서 상대적으로 왕권이 약화될 수 있어. 그러나 왕권과 신권이 조화를 이룰 경우 서로 의견을 나누어 나랏일을 풀어나가므로 좀 더 나은 정책을 실행할 수 있단다.

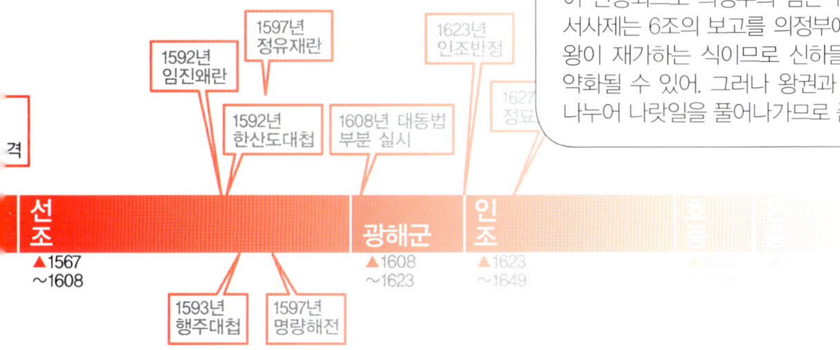

사림 중앙 정치 세력으로 자리 잡음

경국대전
세조 때 편찬하기 시작해 성종 때 완성한 조선 최고의 법전이야. 『경국대전』은 이름 그대로 나라를 경영하는 데 필요한 큰 법전이었어.

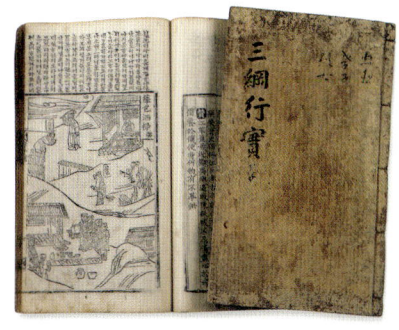

삼강행실도
유교 윤리를 몸소 실천한 우리나라와 중국의 충신과 효자, 열녀의 이야기를 모아 놓은 책이야.

임진왜란과 병자호란

성종의 뒤를 이은 왕은 폭군 연산군이야. 성종 때 사약을 받고 죽은 폐비 윤씨의 아들인 연산군은 어머니의 죽음과 관련된 사람들을 닥치는 대로 죽였어. 또 백성들의 삶의 터전을 사냥터로 만들어 버리는 등 온갖 폭정을 일삼았지. 그러다 결국 연산군에게 원한을 품고 있던 세력들에 의해 폐위된 뒤 최후를 맞이하게 돼. 연산군을 폐위시킨 세력들이 추대한 중종은 성종처럼 사림을 끌어들여 훈구파를 견제하려 했지만 결국 뜻을 이루지는 못해.

중종 사후, 나라는 외척들의 권력 싸움과 부정부패로 엉망이 되어 가고, 설상가상으로 왜구들이 출몰하고 산적들이 들끓었어. 산적 가운데는 임꺽정처럼 권력을 가진 자들의 재산을 빼앗아 나눠 주는 등 백성들의 편에 선 의적도 있었어.

중종, 명종에 이어 선조가 즉위했을 때 조선은 동인과 서인으로 갈라져 뜻을 모으지 못하고 있었어. 이때 일본에서는 일본 열도를 통일한 도요토미 히데요시가 대륙 진출을 위한 전쟁을 준비했지. 일본은 1592년 4월 14일, 20만 대군을 동원해 조선을 쳐들어왔어. 임진왜란이 일어난 거야. 전쟁에 철저하게 대비하지 못한 조선은 변변히 싸우지도 못한 채 도읍 한양을 왜군에 내주었고 선조는 신하들과 북쪽으로 걸음아 날 살려라 하고 도망을 갔지.

나라의 운명이 바람 앞의 촛불이었던 때, 분연히 일어선 사람들이 있었어. 바로 의병이야. 그들은 관직도 제대로 된 무기도 없었지만 의연하게 목숨을 바쳐 왜군과 맞섰지. 전열을 정비한 군대도 곳곳에서 왜군에게 반격을 가하기 시작했어. 무엇보다 바다에서의 이순신 장군의 활약은 눈이 부실 정도였고 전쟁의 판세는 크게 바뀌게 돼. 이후 일진일퇴의 전쟁이 이어지다 전쟁을 일으킨 도요토미 히데요시가 사망하고 노량해전에서 대패한 왜군이 물러나면서 전쟁은 끝이 나게 되었지.

이순신 장군
이미 왜군이 쳐들어올 것을 예측한 이순신은 미리 판옥선과 거북선을 만들고 군대를 훈련시켰어.

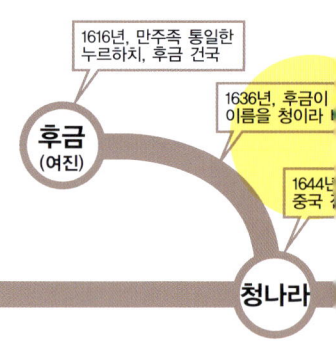

1616년, 만주족 통일한 누르하치, 후금 건국
1636년, 후금이 이름을 청이라
1644년 중국
후금 (여진)
청나라

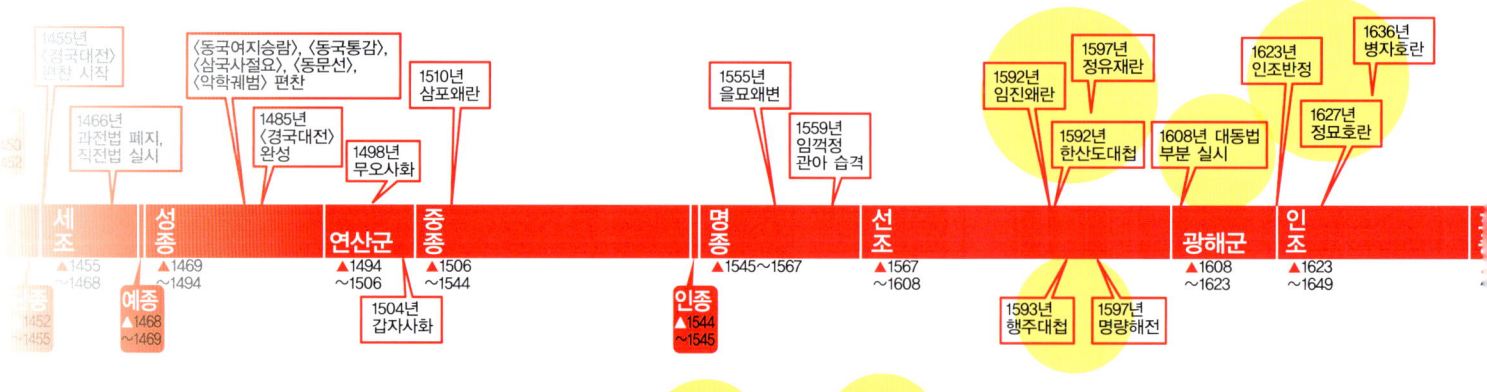

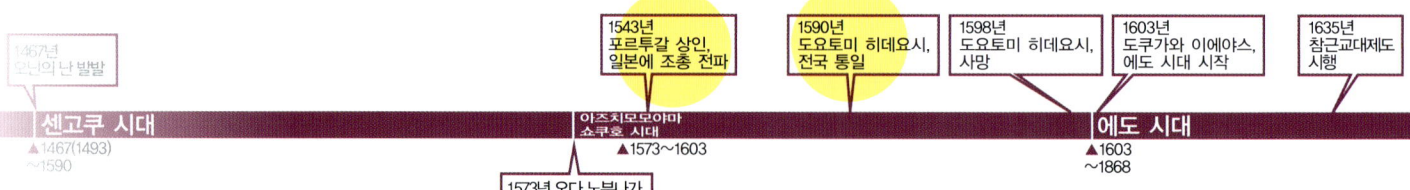

거북선
판옥선의 윗부분에 거북이 등딱지 같은 덮개를 덮은 전투선이야. 임진왜란 때 맹활약을 했지.

선조 이후 즉위한 광해군은 명나라와 후금(청나라) 사이에서 중립 외교를 펼쳤어. 이런 광해군에게 불만이 많은 신하들은 광해군을 끌어내리고 인조를 왕으로 세웠어. 인조는 명나라를 가까이하고 후금과 거리를 두었어. 이에 후금은 조선을 침략했고 조선은 후금과 좋은 관계를 갖겠다고 약속하며 위기를 모면했지만, 그 후에도 후금 대신 명나라의 편에 섰어. 나라의 힘이 커져 청나라로 이름을 바꾼 후금은 마침내 조선으로 쳐들어왔어. 인조는 남한산성으로 도망갔다 오래 버티지 못하고 항복하고 말았고, 세자와 대군을 포함한 많은 사람이 인질로 끌려갔지.

항복할 때 인조는 한강 동쪽 삼전도에서 무릎을 꿇고 절을 하며 신하의 예를 갖춰야 했어. 이를 '삼전도의 굴욕'이라 불러. 참으로 굴욕적인 일이었지.

임진왜란과 관련하여
문제에 잘 나오는 핵심 단어

임진왜란 중요 전투

- **한산도 대첩** 이순신이 이끄는 조선 수군이 한산도 앞바다에서 학익진을 펼쳐 왜군에게 대승 거둠
- **행주 대첩** 권율이 이끄는 관군이 의병, 승병, 그리고 일반 백성과 합심해 행주산성에서 일본군을 크게 물리침
- 전국 각지에서 곽재우, 사명대사 등 주도하여 일반 백성들로 의병을 꾸려 일본군에게 큰 피해를 입힘

광해군과 관련하여
문제에 잘 나오는 핵심 단어

광해군의 정책

- **중립 외교** 명나라와 후금 사이에서 어느 한쪽에 치우치지 않게 외교를 펼쳐 전쟁의 위험을 사전에 막음
- **대동법 실시** 백성들에게 세금을 토산물 대신 쌀로 통일해서 내게 함 경기도 지역에서 먼저 실시
- 전후 복구 사업에 매진 토지 개간 토지대장, 호적 정비 성곽과 무기 정비 국방 강화

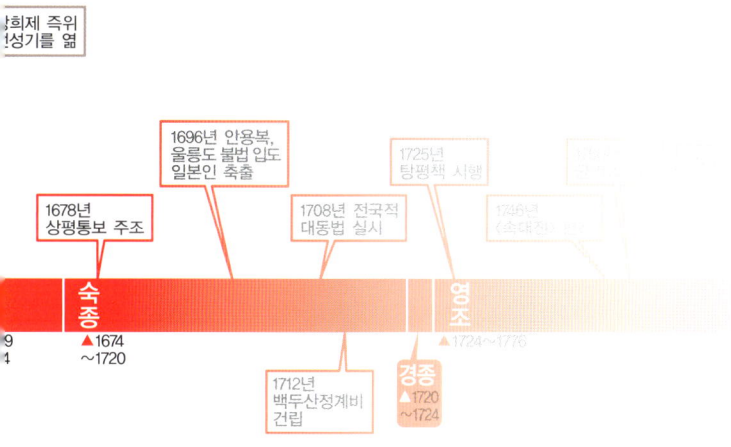

행주대첩 기록화
행주산성에서 권율 장군의 지휘 아래 의병과 관군, 명나라 군대가 왜군에 맞서 싸웠어. 이때 아낙들이 앞치마에 돌을 담아 날랐는데, 그 치마를 행주치마라고 부르게 되었대.

명량해전 기록화
이순신 장군은 명량에서 12척의 배를 이끌고 왜선 133척과 맞서 싸워 승리를 이끌었어. 이순신 장군은 급류가 심한 명량 바다의 지리적 특징을 이용해 왜군을 물리칠 수 있었어.

조선을 다시 세우자

인조 이후 왕이 된 효종은 청나라에 대한 반감이 컸어. 그래서 청나라를 공격하겠다는 계획을 세우지. 그러나 효종이 죽으면서 북벌은 흐지부지되었어. 이후 별다른 외부의 침입이 없는 상태가 유지되면서 나라는 조금씩 안정을 찾게 되었지. 현종, 숙종, 경종에 이어 왕이 된 영조는 자신을 지지하던 노론뿐만 아니라 소론 역시 등용했어. 어느 붕당이든 한 붕당이 조정을 온통 차지하고 있으면 나라가 위태로워질 것이라고 생각했지. 그래서 영조는 각 붕당의 인재를 골고루 등용하기 위한 탕평책을 실시했어. 탕평책이란 어느 편에도 치우치지 않는 정책을 말해. 영조는 탕평책을 통해 분열과 갈등을 끝내고 힘을 모아 나라를 발전시킬 방법을 모색한 거야.

임진왜란과 병자호란을 겪으면서 조선은 황폐해졌고 백성들의 삶은 엉망이 되었어. 사람들은 황무지가 된 땅을 일구고 모내기법과 같은 농사법을 이용하고 저수지 등을 만들어 농업 생산량을 늘리려 노력했어.

나라에서는 세금 제도를 정비해서 백성의 부담을 덜어 주려 했지. 허준은 선조의 명을 받아 오랜 전쟁으로 병을 얻은 백성들을 쉽게 치료할 수 있도록 『동의보감』이란 책을 만들었어. 이 책에는 비싼 중국 약초가 아닌 우리 주변에서 쉽게 구할 수 있는 약초로 치료할 수 있는 방법이 적혀 있단다. 이렇게 상처받은 국토에서 새살이 돋고 사람들 마음의 병도 차츰 치료되어 갔단다.

영조의 정책과 관련하여 문제에 잘 나오는 내용

영조의 정책
- 탕평책 실시: 여러 세력에서 고르게 인재 등용
- 탕평비 건립: 탕평책 홍보 위해 만들어 세움
- 『경국대전』을 정비하여 『속대전』 편찬
- 균역법 실시: 군역 대신 내야 했던 세금을 절반으로 줄여 줌

후금(여진) / 청나라
- 1616년, 만주족 통일한 누르하치, 후금 건국
- 1636년, 후금이 나라 이름을 청이라 바꿈
- 1644년, 청나라 중국 전역 차지
- 1662년 강희제 즉위 청나라 전성기를 엶
- 1729년 지정은제 전국 실시
- 1735년 청나라, 건륭제 즉위

조선 왕 연표

- **선조** ▲1567~1608
  - 1592년 임진왜란
  - 1592년 한산도대첩
  - 1593년 행주대첩
  - 1597년 정유재란
  - 1597년 명량해전
- **광해군** ▲1608~1623
  - 1608년 대동법 부분 실시
- **인조** ▲1623~1649
  - 1623년 인조반정
  - 1627년 정묘호란
  - 1636년 병자호란
- **효종** ▲1649~1659
- **현종** ▲1659~1674
- **숙종** ▲1674~1720
  - 1678년 상평통보 주조
  - 1696년 안용복, 울릉도 불법 입도 일본인 축출
  - 1708년 전국적 대동법 실시
  - 1712년 백두산정계비 건립
- **경종** ▲1720~1724
- **영조** ▲1724~1776
  - 1725년 탕평책 시행
  - 1746년 〈속대전〉 편찬
  - 1750년 균역법 실시

에도 시대 ▲1603~1868
- 1598년 도요토미 히데요시, 사망
- 1603년 도쿠가와 이에야스, 에도 시대 시작
- 1635년 참근교대제도 시행

광해군 때 경기도에서 시작된 대동법은 100년이 지난 숙종 때에 이르러서야 전국적으로 확대될 수 있었어. 그렇게 된 이유는 지주들의 반대 때문인데 대동법으로 인해 땅을 많이 가진 사람은 세금을 더 내야 했기 때문이지. 이렇듯 좋은 정책을 만들고 실행하려 해도 기득권을 가진 사람들의 반대와 방해로 무산되거나 제대로 실행되지 않는 경우가 많았어. 정조가 굳이 한양이 아닌 화성에 새로운 도시를 건설한 이유도 기득권층이 오랜 시간 자리 잡고 뿌리를 내린 한양에서는 개혁이 뿌리내릴 수 없다고 생각해서야. 새 술은 새 부대에 담으라는 말처럼 정조는 새로운 땅에서 새로운 정치 세력으로 새로운 정책을 펼쳐 백성이 주인 되는 세상을 만들고 싶었단다.

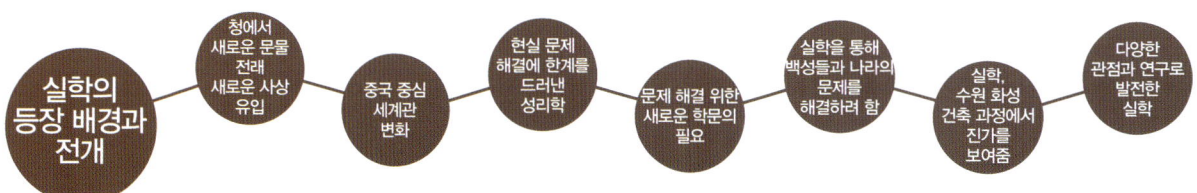

실학의 등장 배경과 전개: 청에서 새로운 문물 전래 / 새로운 사상 유입 → 중국 중심 세계관 변화 → 현실 문제 해결에 한계를 드러낸 성리학 → 문제 해결 위한 새로운 학문의 필요 → 실학을 통해 백성들과 나라의 문제를 해결하려 함 → 실학, 수원 화성 건축 과정에서 진가를 보여줌 → 다양한 관점과 연구로 발전한 실학

영조에 이어 왕이 된 정조는 왕권을 강화하고 나라를 발전시키기 위해 수원 화성을 건설했어. 수원 화성을 통해 군사와 상업의 새로운 중심지를 세우려 했지. 수원 화성 건설에는 당시 최첨단 과학 기술이 총동원되었고 여기서 실학자의 역할이 컸어. 또 백성을 중심에 놓고 나라를 다스리려 했던 정조의 뜻에 맞게 축성 과정에서 힘들게 일한 백성들에겐 임금도 주어졌단다. 정조는 수원 화성에서 백성들과 함께 조선을 새롭게 만들려고 했어.

정조의 개혁은 권력을 쥐고 있는 세력의 특권을 빼앗아 많은 백성에게 권리가 돌아가게 하는 것이었어. 그러기 위해서는 힘 특히 군사적인 힘이 필요했어. 정조는 병권을 확보하기 위해 장용영이라는 군사 조직을 만들었어. 장용영의 내영은 한성에서 왕을 경호하고 수도를 방어하는 역할을 맡았어. 외영은 화성에 주둔해 남쪽으로부터 침투하는 외적을 막아 냈지. 장용영은 왕과 수도를 지키는 정예 군대였던 거야. 그래서 장용영 군사들은 무예에 뛰어난 사람들로 구성되었고 훈련도 엄격하게 받았단다. 그리고 규장각을 설치해 개혁을 이끌 인재를 양성했는데 당시 양반 사회에서 차별받던 서자도 능력만 되면 관리로 채용했지. 아울러 백성들을 위한 여러 정책을 실행했고, 특정 집단이 독점한 상권을 없애 자유로운 상업 활동을 보장하고 그를 통해 백성들의 삶과 나라의 발전에 도움이 될 수 있도록 했단다.

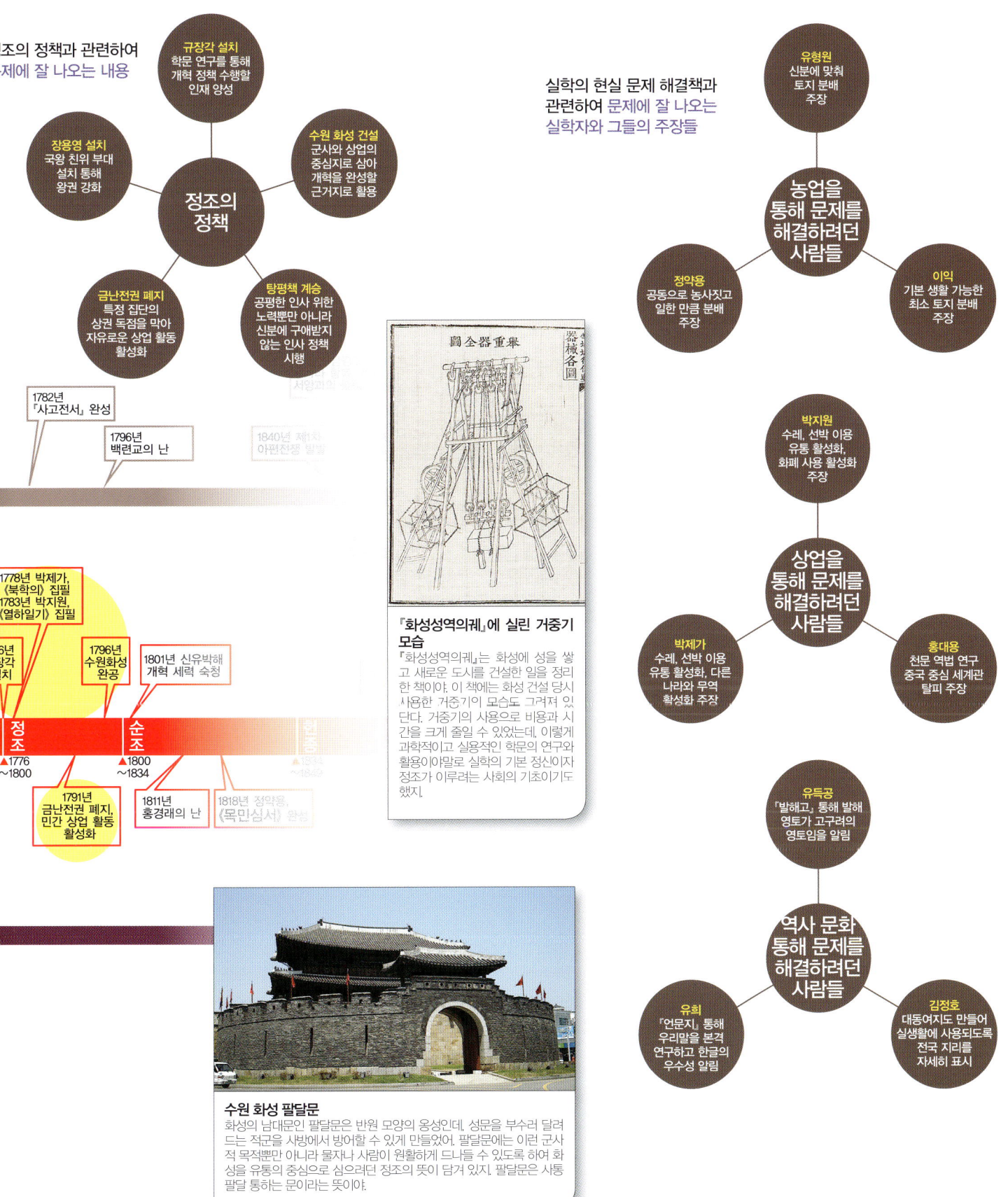

나라를 지키려는 노력

개혁 정치를 통해 조선을 바로잡으려 한 정조가 죽고 어린 세자가 왕이 되자 왕의 할머니인 정순왕후가 대신 정사를 이끌었어. 정순왕후의 배후는 정조의 정치적 경쟁자였는데, 그들은 정조와 함께 개혁을 이끌었던 사람들을 죽이고 유배 보냈지. 외척들은 어린 왕을 등에 업고 권력을 자신들의 사적인 이익을 추구하는 데 이용했어. 온갖 부정부패가 난무하고 백성들은 외척들의 곳간을 채울 재물로 자신의 모든 재산을 빼앗겼어. 참지 못한 백성들은 여기저기서 봉기했지. 나라 안에서 이런 혼란이 이어지는 가운데 조선을 노리는 외국 배들이 조선의 바다를 기웃거리기 시작했단다.

어린 아들을 왕으로 만든 흥선대원군은 왕권을 강화하고 나라를 안정시키기 위해 조선에서 경제적 이득을 얻으려는 외국과의 수교를 반대했어. 서양 제국주의 국가들은 끊임없이 조선에 교역을 요구하며 온갖 사건을 일으켰지. 그중 일본은 자신들의 잘못을 조선에 덮어씌움으로써 강화도 조약을 맺어 조선 침략의 발판을 만들었어. 조선 내부에서는 나라의 문을 여는 것이 좋은지 잠그는 것이 좋은지를 놓고 대립했어. 조선은 물밀듯 밀고 들어오는 제국주의 세력을 막으려 애썼지만 잘 되지 않았어. 그러나 조선 사람들은 나라를 지키기 위해 목숨을 걸고 노력했단다.

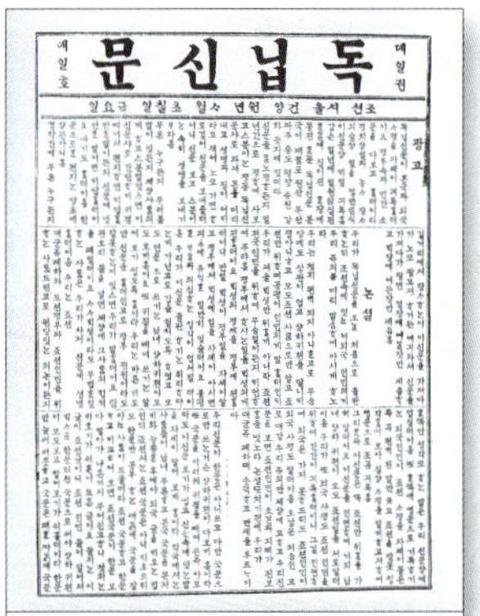

독립신문
서재필이 정부 지원을 받아 창간한 최초의 민간 신문이야. 순 한글판과 영문판으로 발간했지.

만민공동회
독립협회가 주최해 서울 종로 네거리에서 열린 민중 대회야. 신분이나 성별 상관없이 누구나 자신의 의견을 말할 수 있는 집회였는데, 이 그림은 백정 출신 박성춘이 연단에 올라가 연설하는 모습이야.

독립협회 활동과 관련하여 문제에 잘 나오는 내용들

독립협회 활동
- **독립신문 발간**: 조선의 독립과 개혁의 필요성을 널리 알림
- **독립문 건립**: 자주 독립 의지를 새기고자 왕실과 백성들의 성금으로 건립
- **의회 설립 추진**: 백성들의 대표가 정치에 참여하는 의회 설립 추진
- **만민공동회 개최**: 신분이나 위치에 상관없이 누구나 자유롭게 정부 정책이나 사회 문제에 발언할 기회 줌

1861년 양무운동 일어남

1872년 중국 어린이들 미국 유학 떠남

1865년 경복궁 중건

1866년 제너럴셔먼호 사건
대동강 따라 평양까지 침입하여 통상 요구하며 포를 쏘며 민가 약탈하는 미국 상선 제너럴셔먼호를 불태워 침몰시킴

1866년 병인양요
프랑스군이 천주교 신자 탄압을 구실로 강화도에 침입하자 양헌수가 정족산성에서 물리침. 패배 후 철수하며 외규장각 의궤와 도서 약탈

1871년 신미양요
미군이 제너럴셔먼호 사건을 빌미로 통상 요구하며 강화도 침입. 어재연 장군 전사하고 많은 백성들 희생

1871년 대원군, 전국 서원 철폐

1875년 운요호 사건
일본 군함 운요호가 강화도에 불법 정박하여 정찰하다 조선 군대와 전투를 벌인 사건

1876년 강화도 조약 체결
운요호 사건을 빌미로 침입한 일본과 체결한 최초의 근대적 조약. 일본에게 일방적으로 유리한 내용 담은 불평등조약임

1882년 임오군란
별기군과의 차별에 저항해 구식 군인들이 일으킨 반란

1881년 조선 최초의 신식 군대 별기군 창설

1884년 우정국 설치

1884년 갑신정변
우정국 개국 축하 자리를 틈타 김옥균 등 개화파가 청으로부터 자주와 근대화를 목표로 일으킨 정변. 청나라 개입으로 실패. 청의 내정 간섭 심해짐

1885년 거문도 사건

고종 ▲1863~1907

1868년 메이지 유신 (근대화 개혁 실시)

일본 메이지 시대 ▲1868~1912

1885년 내각제도 시작

1866년 제너럴셔먼호 조선 영해 침입(병인양요)

1871년 조선에 통상 요구(신미양요)

1877년 철도 대파업

1882년 한·미 수호 조약 체결

1861년 남북전쟁 (1861~1865년)

1886년 헤이마켓 사건

동학 농민 운동의 시작과 전개

- 평등 사상에 기반한 동학이 백성들 사이에 널리 퍼짐
- 탐관오리들의 수탈로 백성들의 고통과 불만 고조
- 전봉준과 뜻을 같이하는 동학교도와 농민들 봉기
- 황토현 전투에서 승리 전주성 장악
- 정부, 청에 구원 요청 청군 진주에 일본도 군 투입
- 농민 외세 막으려 협상 해산

급변하는 세계 정세에 맞춰 조선도 새롭게 변화하려 애썼어. 갑오개혁은 비록 일본에 지나치게 의존해 이루어진 개혁이었지만, 아주 오랜 시간 백성들의 족쇄가 된 신분제가 없어지는 등 근대 사회를 향한 진전이었어. 외세로부터 나라를 지키기 위해서는 백성들을 깨우쳐야 한다고 생각한 독립협회는 독립신문을 만들고 만민공동회를 통해 사람들의 의견을 모았어. 서양의 문물들이 들어와 조선은 점점 달라졌지만 그것은 외세가 조선에 뿌리를 내리는 과정일 뿐이었단다.

1905년 대한 제국은 강제로 체결된 을사늑약을 통해 일본에 외교권을 빼앗겼어. 이에 고종은 만국평화회의가 열리는 헤이그에 특사를 보내 일본의 침략 행위를 고발하려 했지만 뜻을 이루지 못하고 왕위에서 강제로 물러나게 돼. 고종 황제의 퇴위는 의병 활동에 불을 붙였어. 무력을 통해 나라를 되찾으려는 의병 활동과 함께 국민들의 생각을 깨우쳐 일본을 몰아내려는 애국계몽운동이 벌어졌어. 그러나 나라를 지키려고 목숨을 바치는 사람들과 달리 개인의 권력과 재산을 위해 나라를 팔아먹으려는 자들의 음모가 우리 민족의 미래를 어둠 속으로 몰고 갔단다.

이토 히로부미를 저격하는 안중근
안중근은 중국 하얼빈 역에서 초대 통감인 이토 히로부미를 저격하고 태극기를 흔들며 "코레야 우라(대한 독립 만세)"를 외쳤어.

의병의 모습
나라가 더 이상 일제에 저항할 힘이 없자 의병이 전국 곳곳에서 일어났어. 농부부터 유생 상인은 물론이고 어린 소년도 나라를 지키기 위해 무기를 들었지.

1892년 러시아, 차노프스키, 이러스 발견
1894년 청일전쟁
1898년 변법자강운동 시작
1899년 청나라, 의화단 운동 결과로 열강의 반식민지 전락
1904년 러일전쟁
1905년 중국혁명동맹회 결성, 청 왕조 타도 목표
1912년 중국 최초 공화국 중화민국 수립
1917년 러시아 사회주의
1911년 신해혁명 발발

중화민국

1898년 만민공동회 개최
각계 각층 사람들이 모여 열강의 침탈을 비판하고 자주권을 지킬 것을 주장하는 등 현실 문제를 알리고 공유함

1907년 신민회 설립
1907년 고종황제 퇴위, 군대 해산
1909년 안중근 이토 히로부미 사살

동학농민운동
한 집권층과 외세 침략에 반대하여 지도자들과 동학교도 및 농민들이 킨 반봉건 반외세 무장 민중 봉기

1897년 대한제국 성립
1907년 헤이그 특사 파견 을사늑약의 무효 주장 위해
1910년 회사령 공포

1896년 독립협회 설립, 독립신문 발간

1905년 을사늑약
일제 이토 히로부미, 강제로 조약 체결하여 조선 외교권 강탈하고 통감부 설치해 내정을 간섭함

1909년 간도협약
1912~1918년 토지조사 사업

순종 ▲1907~1910
일제강점기

1907년 국채보상운동

1894년 갑오개혁
일본이 경복궁 점령하고 김홍집 등 중심으로 정부 구성 후 진행한 개혁. 신분제, 과거제 등이 폐지되고 근대적 발전 꾀했지만 과도한 일본 의존으로 한계 드러냄

1910년 일제에 주권을 빼앗김

1895년 을미사변
명성황후를 중심으로 하는 친러파를 조선 침략의 장애물로 여긴 일본이 명성황후를 시해하고 시신을 불태우는 만행을 저지름

1914년 1차 대전 발발

다이쇼 시대 ▲1912~1926

제국 헌법

1893년 경제공황 발발
1898년 미국-에스파냐전쟁
1905년 가쓰라-태프트밀약, 일본의 조선 침략정책 묵인
1913년 연방준비제도 설립

1903년 파나마 운하 건설
1908년 헨리 포드 T형 모델 차 판매

위 그림은 평민 출신 의병장으로 맹활약한 신돌석 장군의 모습이야.
을미사변과 단발령으로 시작된 항일 의병 운동이 을사늑약 체결 이후 다시 전국 각지에서 일어났어. 충청도에서는 민종식이, 전라도에서는 최익현이 의병을 일으켰어. 그리고 태백산맥 일대에서는 신돌석이 이끄는 의병이 일본군과 맞서 싸웠어. 신돌석은 강원도와 경상도를 넘나들며 활약했어.
양반 출신인 대부분의 의병장과 달리 평민 출신이었던 의병장 신돌석의 활약은 눈부셨어. 귀신같이 나타났다가 사라지는 전투 기술은 일본군도 벌벌 떨게 만들었다고 해. 한때 신돌석이 이끄는 의병 부대는 수천 명에 이르기도 했어. 신돌석은 일반 백성뿐만 아니라 양반들로부터도 큰 호응을 얻었지.
의병 전쟁이 전국으로 확산되자, 각 지역에서 활동하던 의병들은 연합 부대를 만들었어. 연합 부대는 일제를 몰아내기 위해 대한 제국의 수도인 한성을 향해 진격 작전을 벌였으나 실패했지. 이후에도 의병들은 소규모 부대로 나뉘어 전투를 벌였어.
하지만 일제의 대대적인 탄압으로 국내에서 활동하기 어려워진 의병은 만주나 연해주로 이동해 항일 투쟁을 이어 갔단다.

일본군 경복궁 점령 청일전쟁 일으킴
일본군 퇴각 위해 동학 농민군 다시 봉기
농민군 우금치에서 일본군과 관군 연합군에 패배
전봉준 처형당함 동학농민군 해산

일제의 총칼에 억눌려 자유도 없이 오직 복종만을 강요당하던 우리 민족은 독립을 위해 사회 각계각층에서 들고일어나 일제에 맞섰지. 바로 3·1 운동이야. 3·1 운동을 통해 우리 민족의 독립운동에 대한 열망을 재확인한 독립운동 세력들은 서둘러 무기를 들고 본격적으로 일제에 맞서기 시작했어. 이것을 항일 무장 투쟁이라고 해.

3·1 운동은 또한 노동자와 농민들이 일제에 맞서는 계기가 되었어. 3·1 운동에 참여하면서 자신들을 억압하던 대상에 맞설 수 있다는 생각을 갖게 된 노동자와 농민은 자신들의 권리를 지키기 위해 지주·자본가와 맞서 싸웠어. 그러면서 자연스럽게 그들을 비호하는 일제와 맞섰지.

그리고 이 둘과 함께 3·1 운동을 통해 일어난 중요한 사건이 있었어. 바로 대한민국이란 이름을 건 정부가 생긴 거지.

3·1 운동 이후 독립운동가들은 민족의 힘을 하나로 모으기 위해 임시 정부를 세우고 국호를 대한민국으로 정했어. 그리고 대한민국은 민주 공화국이라고 선언했지. 민주 공화국이란 왕이 백성 위에 군림하는 이전 시대 체제가 아니라 국민이 주인이 되어 나랏일을 이끌어가는 국가를 말해. 지금의 우리나라 이름과 체제는 임시 정부로부터 비롯되었어. 독립운동가들은 임시 정부를 중심으로 힘을 모아 독립을 위해 싸워 나간단다.

3·1운동 영향과 관련하여 문제에 잘 나오는 내용들

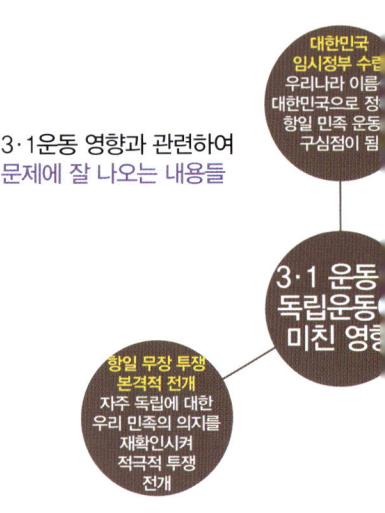

1916　1917　1918　1919　1920　1921　1922　1923　1924　1925　1926　1927　1928　1929　1930　1931　1932　1933　1934

- 1917년 러시아, 세계 최초 **사회주의 혁명 발발**
- 1921년, 중국 공산당 설립
- 1922년 12월 30일, 소련 결성
- 1924년 중국, 제1차 국공합작
- 1928년 소련, 국가 주도 공업화 정책 5개년 계획 도입, 소련 공업 비약적 발전, 초강대국 성장의 토대 마련
- 1931년 중국공산당 중화소비에트 정부 수립
- 1921년 6월, 자유시 사건, 러시아, 독립군 부대 무장 해제 시도
- 1922년, 사회주의 확산
- 1923년, 암태도 소작 쟁의
- 1925년 조선공산당 설립
- 1930년 평양고무공장 노동자 파업
- 1933년 한국독립 조선혁명군 연합 만주에서 일본군
- **1919년 3·1만세 운동**
- 1919년 대한민국 임시정부 수립
- 1922년 5월 1일, 한국 최초 노동절 기념행사 개최
- 1924년, 조선청년총동맹과 조선노농총동맹 결성
- **1926년 6·10만세운동**
- 1929년 광주 학생 항일 운동
- 1932년 윤봉길 의거
- 1920년 봉오동 전투 청산리 대첩
- 1922년 5월 1일, 어린이날 선포
- 1925년 임시정부, 대통령 이승만 탄핵
- 1927년 신간회 조직
- 1929년 원산총파업
- 1932년 이봉창 의거
- 1933년 조선어학회 한글맞춤법통일안

일제강점기

- 1918년 1차 대전 종전
- 1922년 이탈리아, 파시즘 운동의 창시자 무솔리니 집권
- 1929년 10월, 미국 주식 시장 폭락을 기점으로 **세계 대공황** 시작
- 1931년 일본, 만주사변 일으킴
- 1933년 3월, 일 국제연맹 탈퇴
- 1919년 6월 28일, 베르사유조약 체결, 독일 막대한 경제적 타격
- 1923년, 히틀러 맥주홀 폭동, 파시스트 정권 수립 시도
- 1928년 영국 플레밍, 항생제 페니실린 개발
- 1930년 인도 간디, 소금행진
- 1933년 대공황, 전 세계 확산
- 1924년 미국 허블, 여러 은하계 존재 밝힘
- 1926년 미국, 세계 최초 액체 연료 로켓 발사
- 1929년 제1회 아카데미상 시상식 개최
- 1933년 히틀러, 독일 총리 취임, 파시즘 체제 구
- 1927년 미국 린드버그, 대서양 횡단 비행
- 1932년 독일 나치당 제1당 등극
- 1933년 10 독일 국제 탈퇴

항일 민족 운동과 관련하여 문제에 잘 나오는 내용들

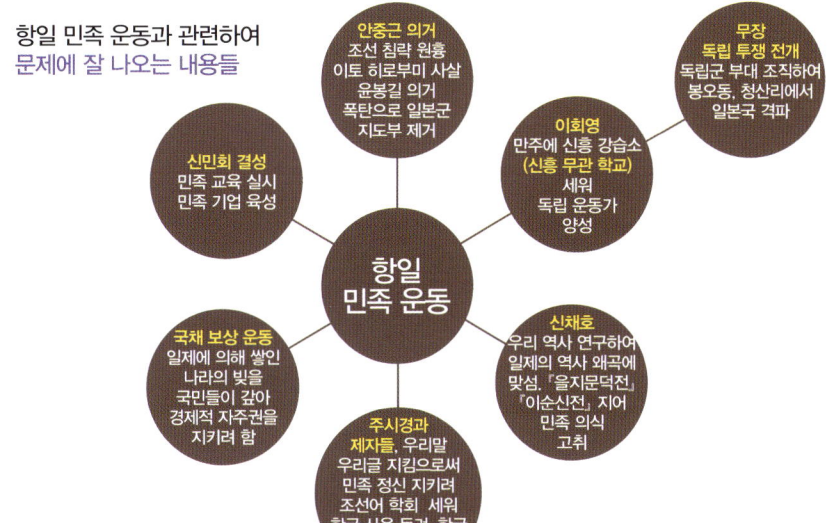

- **안중근 의거**: 조선 침략 원흉 이토 히로부미 사살
- **윤봉길 의거**: 폭탄으로 일본군 지도부 제거
- **무장 독립 투쟁 전개**: 독립군 부대 조직하여 봉오동, 청산리에서 일본군 격파
- **신민회 결성**: 민족 교육 실시, 민족 기업 육성
- **이회영**: 만주에 신흥 강습소(신흥 무관 학교) 세워 독립 운동가 양성
- **항일 민족 운동**
- **국채 보상 운동**: 일제에 의해 쌓인 나라의 빚을 국민들이 갚아 경제적 자주권을 지키려 함
- **신채호**: 우리 역사 연구하여 일제의 역사 왜곡에 맞섬. 『을지문덕전』, 『이순신전』, 지어 민족 의식 고취
- **주시경과 제자들**: 우리말 우리글 지킴으로써 민족 정신 지키려 조선어 학회 세워 한글 사용 독려, 한글 우수성 고취
- 노동자 농민들의 주인 의식을 (일깨워) 노동 운동 농민 운동 통해 일제와 투쟁

일제의 분열 정책과 탄압에도 우리 민족의 독립을 향한 투쟁은 멈추지 않았어. 대립하던 민족주의자와 사회주의자 독립운동 세력이 손을 잡고 만세 운동을 이끌었고 부당한 대우에 학생들도 참지 않고 일제에 맞섰어. 그리고 목숨을 걸고 일제의 심장부에 폭탄을 던졌지.

일제의 탄압은 나날이 심해졌지만 우리 민족도 저항을 굽히지 않았어. 그러던 중 일제는 심각한 경제 문제에 봉착하고 문제 해결을 바깥에서 찾기 위해 중국과 동남아시아 등지에서 전쟁을 벌였어. 전쟁에 필요한 물자는 모두 우리 땅에서 빼앗아 갔지. 가뜩이나 일제의 수탈로 고통받던 우리 민족의 삶은 더욱 어려워졌어.

일제는 경제적 착취에 그치지 않고 친일파를 앞세워 아예 우리 민족의 정신마저 빼앗으려 했어. 그러나 우리 민족은 우리 역사와 우리말을 지키며 독립을 향해 나아갔단다.

윤봉길
윤봉길도 한인 애국단 단원이었어. 윤봉길은 중국 훙커우 공원에서 폭탄을 던져 일본군 지도부에 큰 피해를 입혔지.

홍범도
홍범도가 이끄는 독립군은 봉오동 전투에서 일본군에 맞서 큰 승리를 거뒀어.

단재 신채호
독립운동가이자 역사학자로 활동하며 잊혀진 우리 역사의 뿌리를 밝혀 일제의 역사 왜곡에 맞섰어.

미군과 특수 훈련을 받은 한국 광복군 대원
한국 광복군은 국내로 진입해 일제를 몰아내기 위해 미군과 특수 훈련을 받았어.

1945년 12월 모스크바 3국 외상회의

1946년 38선 이북 토지 개혁

1947년 10월, 『조선말큰사전』 1권 발간

1945년 8·15광복

- 1936년 손기정, 베를린 올림픽 마라톤 우승
- 1938년 조선어 사용 금지, 국가총동원령 선포
- 1939년 국가징용령 실시, 식량배급제 실시, 창씨개명 실시
- **1940년 한국광복군 창설**
- **1942년 조선어학회 사건**
- 1937년 중일전쟁 발발
- 1939년 9월, 제2차 세계대전 발발
- 1941년 태평양전쟁 발발
- 1945년 10월, 국제연합 창설
- 35년 독일 (재)무장 선언

한국 광복군 창설
1940년에 대한민국 임시 정부는 정식 군대인 한국 광복군을 창설했어. 그리고 일제에 당당히 나라 대 나라로 선전 포고를 했지.

백범 김구
김구는 백정과 범부, 즉 신분이 낮고 평범한 사람도 모두 애국심을 갖길 바란다는 의미에서 호를 백범이라고 했어.

조선어학회 회원들
조선어학회 회원들은 한글을 연구하고 강습회를 열어 한글을 널리 알리고 많은 사람이 사용하도록 했어.

해방의 기쁨과 전쟁의 울분

일제로부터 해방된 사람들은 새로운 나라를 세울 준비를 했어. 일제 강점기에 독립을 위해 싸워 온 독립운동가들은 모든 사람이 평등하고 행복한 나라를 꿈꾸었지. 반면 일제 강점기에 갖고 있던 기득권을 해방 이후에도 유지하려는 사람들이 있었어. 그들은 모든 사람이 평등하고 행복한 나라를 꿈꾸기보다 자신들의 부와 권력이 계속되기를 바랐지.

이들의 상반된 생각은 서로 다른 이데올로기를 가진 두 강대국의 한반도 진주를 통해 심각한 갈등 양상으로 치닫기 시작했어. 갈등은 신탁 통치 문제를 두고 극단적으로 대립하게 되고, 새로운 나라를 위해 힘을 합치자는 사람들이 나섰지만 이미 분열은 돌이킬 수 없는 것이 되어 갔단다.

분단을 막으려는 김구 등의 노력에도 불구하고 한반도 남쪽과 북쪽에 이데올로기가 정반대인 정부가 들어섰어. 하나의 민족이 두 개의 나라로 갈라진 거야. 더욱 심각한 것은 두 나라의 뒤에 전 세계를 이데올로기적으로 양분한 강대국이 버티고 힘 겨루기를 하고 있었던 거란다. 남한과 북한은 이제 하나로 합칠 기회를 완전히 잃고 파국을 향해서 달리기 시작했어.

세계가 자본주의 진영과 공산주의 진영으로 날카롭게 대립하며 냉전의 골이 깊어질 때, 한반도 남쪽과 북쪽도 두 진영의 이념을 가진 국가로 갈라지고 말았어. 미국과 소련이라는 두 강대국은 직접 전쟁을 벌이지는 않았지만 자신들의 이념을 따르는 나라나 집단의 분쟁을 뒤에서 부추겼지. 이런 상황에서 남한과 북한의 국가 수반들은 평화가 아닌 무력으로 상대방을 누르고 통일을 이루려 했어.

그러던 1950년 6월 25일, 북한은 소련제 무기로 무장하고 남한으로 밀고 내려왔어. 우리 역사상 가장 비극적인 전쟁이 벌어진 거야. 아무런 준비가 없었던 남한의 방어선은 불과 3개월 만에 낙동강까지 밀리고 말았지. 남한 정부는 부산을 임시 수도로 정하고 낙동강을 마지막 방어선으로 삼았어. 유엔군의 참전으로 전세는 남한 쪽에 유리하게 전개되어 북한군을 압록강까지 밀어붙였지만 중공군의 참전으로 유엔군과 국군은 다시 밀리기 시작했지. 이렇게 밀고 밀리는 전투 과정에서 한반도는 톱으로 썰리듯이 철저히 파괴되었고 수많은 사람들이 죽었단다.

정전 협정으로 전쟁은 일단락되었어. 그러나 정전이란 말에서 알 수 있듯이 언제고 다시 전쟁이 일어날 수 있는 분위기였지. 전 세계는 미국이 중심이 된 자본주의 세력과 소련이 중심이 된 공산주의 세력이 서로 세계를 파괴할 수 있는 무기를 만들며 전쟁 분위기를 이어 갔어. 한반도는 이 둘의 힘이 맞부딪치는 최전선이 되었지. 전 세계를 죽음의 공포로 몰고 갔던 제2차 세계 대전에 이어 제3차 세계 대전이 벌어질지도 모른다는 불안감이 전 세계 사람들의 머리에서 떠나지 않았고, 그 시작이 한반도가 될 거라고 생각하는 사람들도 많았단다.

1943　1944　1945　1946　1947　1948　1949　1950　1951　1952　1953　1954　1955　1956　1957

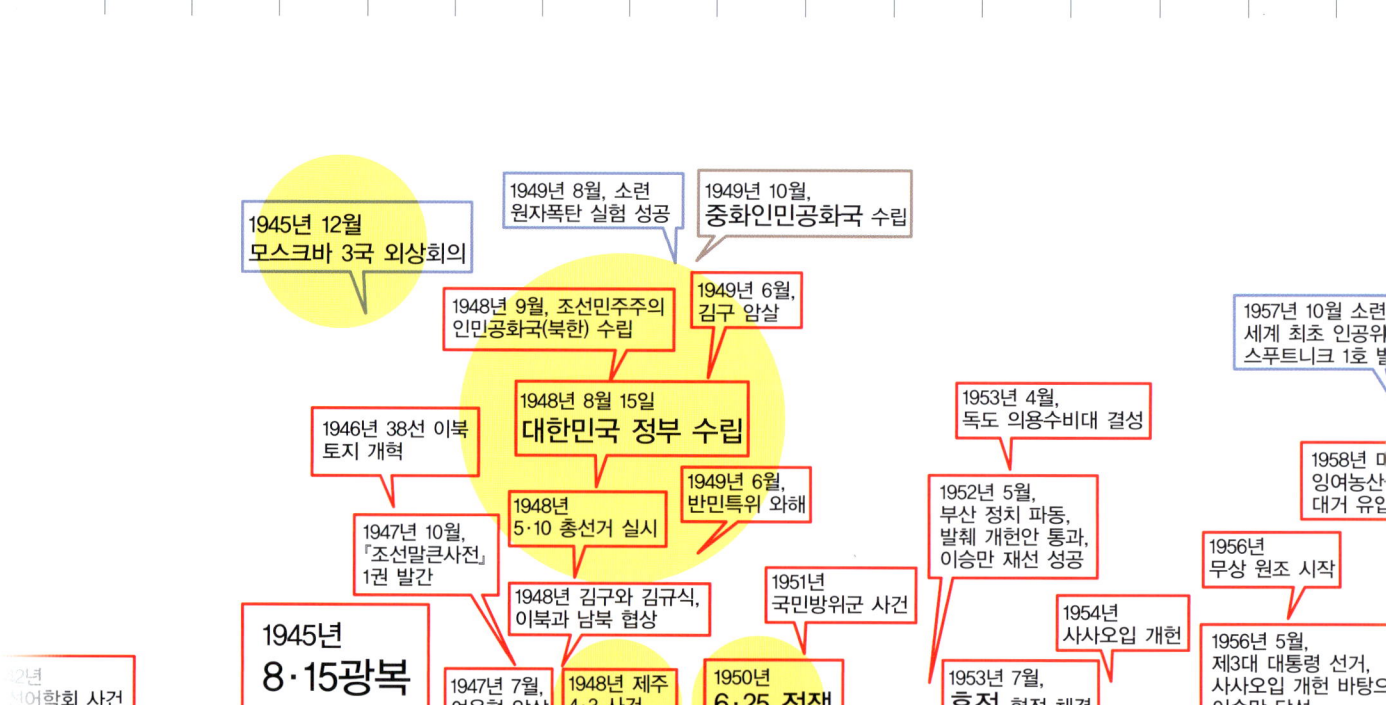

문제에 잘 나오는 남북한 분단 과정

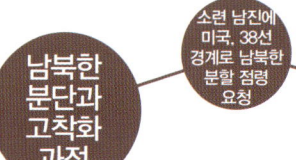

광복을 맞이하여 환호하는 사람들
1945년 8월 15일, 일본이 연합군에 무조건 항복하면서 우리나라는 광복을 맞이하게 되었어.

여운형
여운형은 우리의 나라를 세울 준비를 하기 위해 조선 건국 준비 위원회를 만들었어. 이들이 치안과 질서를 담당한 덕분에 광복 후 혼란스러운 상황이 벌어지지 않았지. 그런데 남쪽을 점령한 미국은 건준을 인정하지 않았지. 아울러 건준을 통해 안정적으로 유지되던 체제를 일제 총독부 아래서 일하던 한국인 관리와 경찰에게 맡겼어. 물론 이들 대부분은 친일파였어. 사진은 여운형(가운데)이 연설장에서 사람들에게 둘러싸여 있는 모습이야.

남한에 진주한 미군
해방 후에 남한을 점령해 통치하고자 미군이 진주해 미군정을 실시했어. 미군정은 남한 통치에 대해 일본의 조언을 들었고 독립을 위해 싸운 우리 지도자들을 인정하지 않았지. 그 과정에서 친일파들은 일제 강점기 때 가진 부와 권력을 고스란히 유지할 수 있었어. 민족의 정기를 올바로 세울 기회를 잃고 말았지.

귀국 후 연설 중인 이승만
해외에 있던 이승만은 당시 남한의 실질적인 지배자였던 미군의 전폭적인 지지를 업고 국내로 돌아왔어. 연설하는 이승만의 주변에 앉아 있는 미군 고위인사들을 보렴. 반면 미군정은 김구 등 대한민국 임시정부 인사들을 인정하지 않았고 이들은 각자 개인 자격으로 귀국했어.

신탁 통치 반대 집회
모스크바 3국 외상회의에서 신탁 통치 결정이 내려지자 우익은 이에 지지하고 좌익은 반대하는 집회를 열었어. 좌우의 대립이 극단적으로 드러났던 사건이야.

북으로 가는 김구 일행
김구는 남한과 북한이 각각 정부를 세울 경우 벌어질 일을 알고 있었어. 어떻게든 분단만은 막아야겠다는 생각에 김구 일행은 38도선을 넘어 북한 평양을 향했지. 그러나 분단을 막기엔 이미 늦은 상황이었단다.

폐허가 된 서울 시내
남한을 침공한 북한은 사흘 만에 서울로 밀고 들어왔어. 서울은 말 그대로 폐허가 되고 말았지. 저 멀리 보이는 건물이 경복궁 앞 중앙청이야.

신탁 통치 놓고 찬성과 반대 세력 대립 → 이승만 정읍 발언 남한만의 단독 정부 수립 주장 → 김구 통일 정부 수립 위해 북한 방문했으나 때가 늦음 → 남한만의 총선거 실시 → 대한민국 정부 수립 → 조선 민주주의 인민 공화국 수립 → 6·25 전쟁 벌어짐 → 전세계 냉전 체제 심화 분단 고착화

부패 정권을 끌어내리는 민주주의

전쟁 중 이승만은 권력을 유지하기 위해 군대까지 동원해 자신에게 유리하게 개헌을 했어. 이 과정에서 공포 분위기를 조성한 헌병대장은 바로 독립운동가를 잡아들여 잔인하게 고문한 친일 경찰 노덕술이었지. 이렇듯 이승만은 일제에 협력한 친일 세력들을 이용해 자신의 정치적 기반을 지켜 나갔단다. 이것을 통해 친일 세력들은 일제 강점기 때 누리던 부와 권력을 해방 이후에도 이어나갈 수 있게 되었지.

대한민국의 정신이 친일 세력에 의해 더럽혀질 때, 미국의 경제 원조가 있었어. 원조 물자의 가공과 분배에도 일제 강점기 때 부와 권력을 가진 자들이 개입해 큰 이득을 얻었지.

1952년 전쟁 중에 부산에서 치러진 제2대 대통령 선거
전쟁 중에도 대통령 선거는 치러졌어. 이승만은 국회의원들을 군대로 위협하고 감금하는 등 부정한 방법으로 권력을 이어 갔단다.

대학 교수 시위대의 행진
1960년 4월 25일, 서울대학교 교수들이 시위를 하는 모습이야. 플래카드에는 '학생의 피에 보답하라!' 고 쓰여 있지.

재판받는 조봉암
이승만은 조봉암처럼 자신의 권력에 위협이 될 만한 사람이나 세력을 공산주의자로 몰아 제거했어. 이러한 일명 빨갱이 사냥은 이후 정권에서도 전가의 보도처럼 이용되었고 현재까지도 써먹는 세력이 있지.

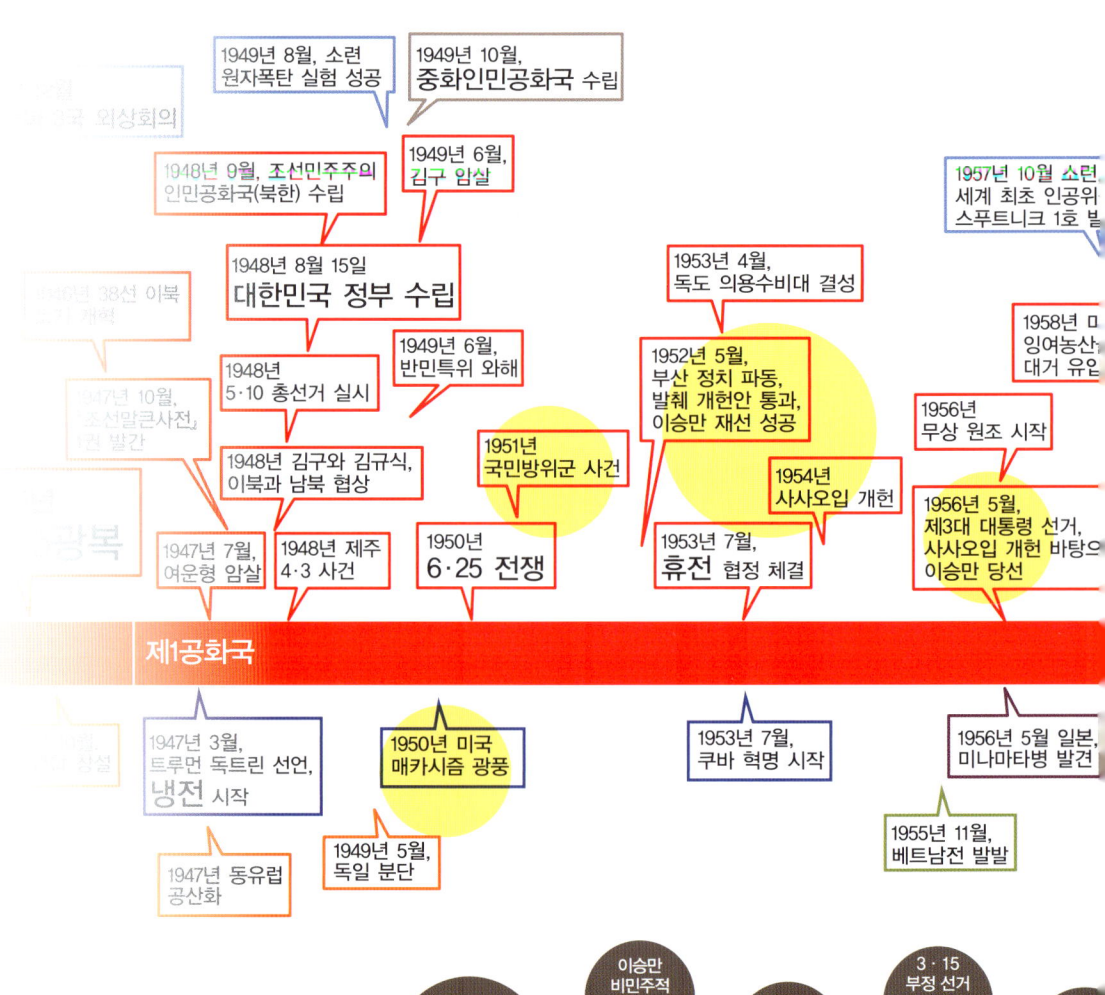

문제에 잘 나오는
4·19 혁명 전개 과정

전쟁으로 초토화된 데다 미국이 원조를 줄이자 나라 경제는 심각하게 어려워졌어. 미국의 원조에 기대는 것 말고는 별다른 경제 정책을 가지지 못한 이승만은 어떤 대책도 내놓지 못했지. 부자들은 권력에 기대 부를 축적해 갔고 정치인과 관리들은 뇌물을 받은 대가로 부자들에게 특혜를 주었어. 부정부패가 만연한 상황에서 국가는 국민들의 편에서 일하지 않았지. 일반 국민들의 생활은 이루 말할 수 없을 정도로 비참했단다.

당연하게도 국민들의 마음은 이승만 정권으로부터 멀어져 가기 시작했어. 그러자 정권을 끝없이 연장하려는 이승만 정권은 선거 과정에서 온갖 부정한 짓을 저질렀어.

더 이상 참지 못한 국민들은 선거 무효를 외치며 시위를 벌였어. 그러다가 당시 마산상고 학생 김주열이 눈에 최루탄이 박힌 모습으로 발견되자 국민들의 분노는 극에 달했어. 경상도 지역에서 시작된 시위는 곧 전국적으로 퍼져 갔지. 대학생, 고등학생, 중학생, 심지어 초등학생까지 시위에 참가했어. 경찰은 시위대를 향해 총을 난사했고 많은 사람들이 죽었지. 그러나 사람들은 물러서지 않았단다.

목숨을 걸고 민주주의를 지키겠다는 국민들의 저항은 더 이상 무력으로 누를 수 없었어. 그리고 마침내 이승만 정권은 무너졌지. 국민과 민주주의의 승리였어.

계엄군의 탱크를 접수한 시위대
4·19 혁명 당시 계엄군은 탱크로 시위대를 진압하려 했지만 오히려 시위대가 탱크를 접수한 모습이야.

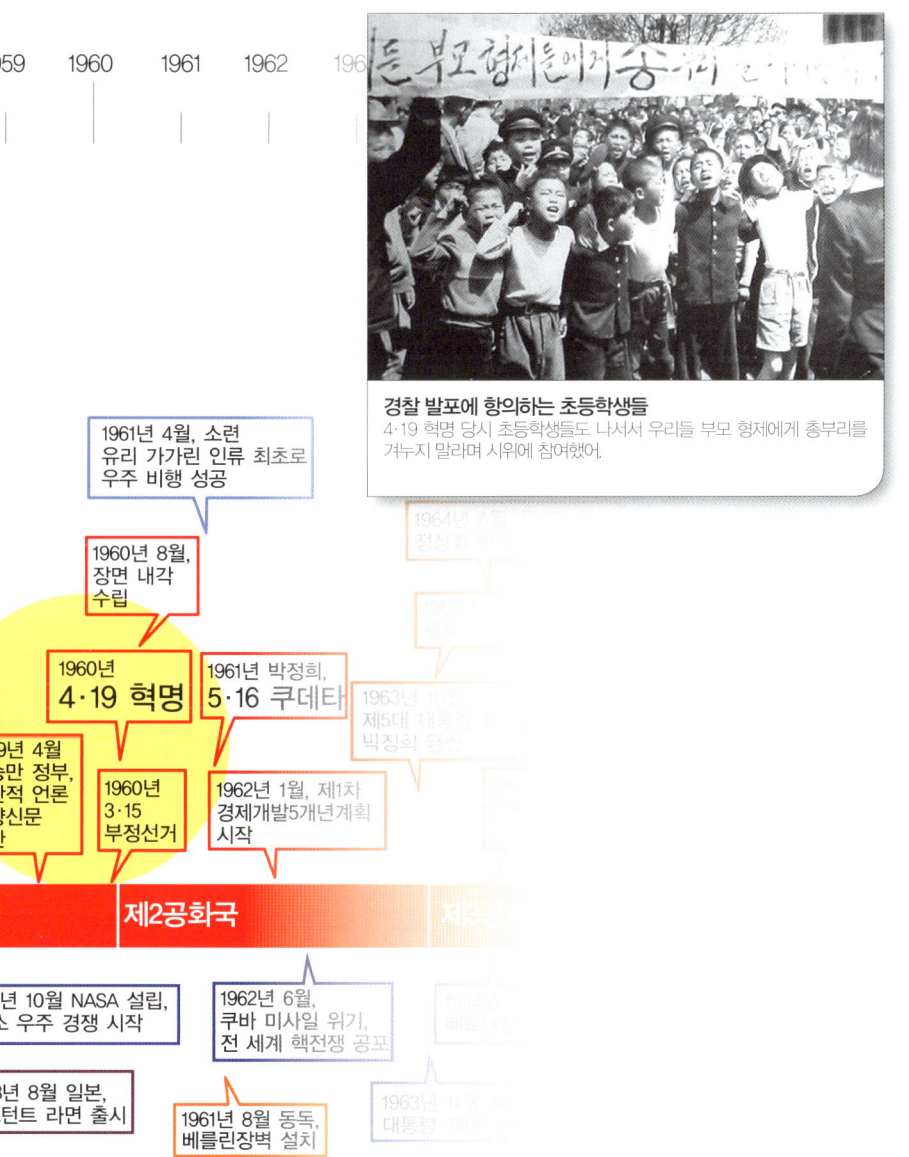

경찰 발포에 항의하는 초등학생들
4·19 혁명 당시 초등학생들도 나서서 우리들 부모 형제에게 총부리를 겨누지 말라며 시위에 참여했어.

망명길에 오르는 이승만
4·19 혁명이 일어나자 이승만은 대통령직에서 물러나 미국 하와이로 망명했어.

4월 학생 혁명 기념탑
4·19 민주 묘지 중앙에 위치해 있어. 4·19 혁명 당시 독재에 맞서 싸우다가 희생된 학생들을 기리는 기념탑이야.

이승만 정권이 물러나고 제대로 된 나라를 만들 희망에 부풀던 1961년 5월 16일, 육군 소장 박정희는 탱크를 앞세우고 쿠데타를 일으켰어. 박정희는 반공을 내세워 반대 세력을 탄압하고 민주주의를 억압하는 도구로 활용했지. 그러나 박정희는 자신의 권력만을 추구하지 않고 경제 발전을 통해 국민들의 굶주림을 해결하고자 했어. 경제 발전과 민주주의, 두 가지 모두를 동일한 가치로 추구했어야 했는지, 아니면 경제만을 우선시한 게 옳았는지 지금도 의견이 분분해.

박정희 정권은 국가 주도로 경제를 발전시키려 했어. 이에 필요한 자본을 일본의 한반도 식민 지배에 대한 배상금, 베트남 전쟁 참전 대가, 광부와 간호사의 독일 파견 등으로 마련했지. 이렇게 들어온 자본에 높은 교육 수준과 성실함을 갖춘 국민들의 힘을 더하면서 경제는 빠르게 발전했어. 그러나 노동자들에겐 저임금 장시간 노동, 농민에겐 저곡가 정책이 강요되었어. 대다수 국민들의 희생으로 이룬 경제 발전, 그러나 그로 인해 얻은 부는 소수에게 집중되었지.

5·16 군사 정변 당시의 박정희
군인이었던 박정희는 4·19 혁명으로 나라가 혼란한 틈을 타 1961년 5월 16일 군사 정변을 일으켰어.

수출 100억 달러 달성
1977년 우리나라는 수출 100억 달러를 달성했어. 당시 100억 달러는 어마어마한 액수였지. 전쟁으로 폐허가 된 나라에서 눈부신 경제 성장을 이루어 냈으니, 말 그대로 '한강의 기적'이었어.

1960 1961 1962 1963 1964 1965 1966 1967 1968 1969 1970 1971 1972 1973 1974 1975

- 1961년 4월, 소련 유리 가가린 인류 최초로 우주 비행 성공
- 1960년 8월, 장면 내각 수립
- 1960년 4·19 혁명
- 1961년 박정희, 5·16 쿠데타
- 1960년 3·15 부정선거
- 1962년 1월, 제1차 경제개발5개년계획 시작
- 1964년 10월 중국, 핵 실험 성공
- 1966년 8월 중국, 문화대혁명 시작
- 1965년 6월, 한·일협정 체결
- 1964년 6월, 한·일 국교 정상화 반대 시위
- 1963년 12월, 서독 파견 광부 1진 서울 출발
- 1963년 10월, 제5대 대통령 선거 박정희 당선
- 1964년 9월부터 한국 정부, 베트남 전쟁 파병
- 1968년 1월, 북한 군인 청와대 기습
- 1967년 2월, 한·미 주둔군 지위 협정 효력 발생
- 1971년 10월 중국, 유엔 가입
- 1972년 2월 미국, 대통령 닉슨 중국 방문
- 1970년 11월, 전태일 분신
- 1971년 8월, 광주대단지 사건 발생
- 1970년 4월, 와우 아파트 붕괴
- 1970년 7월, 경부고속도로 개통
- 1972년 10월 유신
- 1972년 12월 박정희, 통일주체국민회의 통해 대통령 당선
- 1970년 4월, 새마을운동 시작
- 1971년 4월 박정희, 김대중에 근소한 차이로 대통령 당선
- 1973년 8월, 박정희 정권, 김대중 납치
- 1969년 9월 박정희 정권, 3선 개헌안 날치기 통과
- 1972년 7·4 남북공동성명
- 1974년 8월, 서울 지하철 1호선 개통
- 1975년 3월, 언론 자유 요구 기자들

제2공화국 | 제3공화국 | 제4공화국

- 월 NASA 설립, 경쟁 시작
- 일본 라면 출시
- 1960년 9월, 석유수출국기구(OPEC) 결성
- 월 쿠바 선언
- 1962년 6월, 쿠바 미사일 위기, 전 세계 핵전쟁 공포
- 1961년 8월 동독, 베를린장벽 설치
- 1961년 9월, 경제협력개발기구(OECD) 출범
- 1960년 12월, 남베트남 공산주의자들 베트남민족해방전선 조직
- 1964년 8월, 미국 베트남전 개입
- 1963년 11월, 미국 대통령 케네디 암살
- 1964년 5월, 팔레스타인해방기구 결성
- 1967년 8월, 동남아시아국가연합(ASEAN) 결성
- 1970년 3월, 핵확산금지조약(NPT) 발효
- 1969년 7월 미국, 인류 최초로 달 착륙
- 1969년 10월 독일, 총리 빌리 브란트 동독 경제 지원, 독일 통일의 초석 세움
- 1971년 9월, 국제환경보호단체 그린피스 결성
- 1971년 11월 미국, 인텔사 마이크로프로세서 출시, 개인용 컴퓨터 시대 개막
- 1974년 8월 미국 대통령 닉슨, 워터게이트 사건으로 물러남
- 1975년 4월, 베트남 전쟁 종결
- 1975년 4월 미국 빌 게이츠 마이크로소프트 설립

최소한의 인간적 대우를 요구하는 목소리는 반공이란 이름으로 탄압받았고, 민주주의는 고문과 감시로 질식당했어. 박정희는 권력 연장을 위해 헌법을 고치고 부정 선거를 저지르는 등 불법을 서슴지 않았지.
정보 기관의 감시와 탄압에도 국민들의 저항은 점점 거세졌어. 국민적 저항을 저지하는 방안을 놓고 대립하던 박정희의 심복들 중 김재규가 박정희를 총으로 쏘아 죽였어. 이로써 종신 대통령을 꿈꾸던 박정희의 독재는 끝을 맺었단다.

통일주체국민회의
박정희는 자신의 지지자로만 구성된 통일주체국민회의에서 투표로 대통령에 당선되었어.

박정희 정권의 경제 정책과 관련하여 문제에 잘 나오는 내용들

박정희 정권의 경제 정책과 전개
- 제1, 2차 경제 개발 5개년 계획 경공업(신발, 의류, 가발 등) 중심 발전
- 제3, 4차 경제 개발 5개년 계획 중공업(철강, 석유화학, 기계 산업 등) 중심 발전
- 저임금 저곡가 정책으로 생산성 향상 물가 안정 대신 노동자 농민의 삶 피폐해짐
- 새마을 운동 근면, 자조, 협동 3대 정신으로 농촌 발전 추진
- 한일 협정 통해 경제 발전 자금 조달 굴욕적 외교라고 비판받음
- 독일 파견 광부와 간호사 통해 외화 획득 베트남전 파견 병사 통해 외화 획득

3선 개헌 반대 운동
박정희가 대통령을 세 번 연이어서 하려고 개헌을 시도하자 대학생들을 중심으로 3선 개헌 반대 운동이 일어났어.

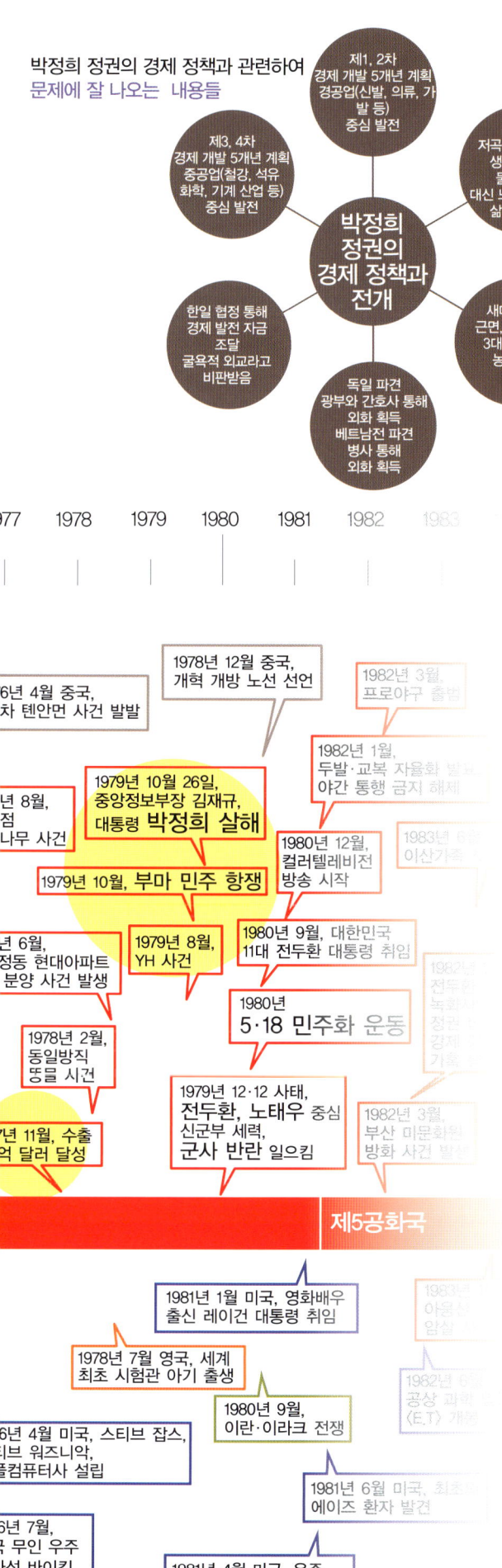

부·마 항쟁
1979년 10월 부·마 민주 항쟁 당시 시민과 학생 시위대 행렬이 부산 시내 중심가까지 진출한 모습이야.

국민의 힘으로 민주주의를 지켜내다

박정희 독재 정권이 무너지자 국민들은 다시 민주화에 대한 기대에 부풀었어. 그러나 전두환과 노태우 등 신군부 세력이 쿠데타를 일으켜 정권을 장악했지. 이에 대학생들은 신군부 퇴진, 계엄령 해제 등을 외치며 시위를 벌였어. 쿠데타 세력에 대한 국민적 반감이 커지자 신군부는 전국으로 계엄령을 확대하고 무자비하게 탄압했어. 이에 많은 민주 세력들이 위축되었지만 광주 시민들은 그렇지 않았어. 전두환 등은 이런 광주를 잔인하게 총칼로 진압했지. 이 과정에서 많은 사람들이 죽거나 다쳤단다. 국민들의 민주화 요구를 폭력으로 억누른 전두환은 이듬해 헌법을 고치고 자신의 추종자로 구성된 선거인단을 꾸려 간접 선거를 통해 대통령이 되었어. 전두환 정권은 언론을 통제하고 국민들의 민주화 요구를 정보기관과 경찰 등을 통해 탄압했지.

5.18 민주화 운동의 전개 과정

계엄군과 대치하는 광주 학생들
전남대학교 학생들이 비상계엄 해제를 외치며 계엄군과 대치하고 있는 모습이야.

계엄군의 폭행
5월 18일 학생들은 전남대학교에서 금남로 방향으로 행진하며 시위했어. 그러자 계엄군이 학생들을 붙잡아 곤봉으로 마구 폭행했지. 이를 보고 분노한 시민들이 시위에 참여했고 계엄군은 시민들도 무차별 두들겨 팼어.

연표

- 1974년 8월, 서울 지하철 1호선 개통
- 1975년 3월, 언론 자유 요구 기자들 해고
- 8월, 박정희, 김대중 납치
- 박정희, 민회의 통해
- 1976년 8월, 판문점 미루나무 사건
- 1977년 11월, 수출 100억 달러 달성
- 1978년 2월, 동일방직 똥물 사건
- 1978년 6월, 압구정동 현대아파트 특혜 분양 사건 발생
- 1979년 8월, YH 사건
- 1979년 10월 26일, 중앙정보부장 김재규, 대통령 박정희 살해
- 1979년 10월, 부마 민주 항쟁
- 1979년 12·12 사태, 전두환, 노태우 중심 신군부 세력, 군사 반란 일으킴
- 1980년 5·18 민주화 운동
- 1980년 9월, 대한민국 11대 전두환 대통령 취임
- 1980년 12월, 컬러텔레비전 방송 시작
- 1982년 1월, 두발·교복 자율화 발표, 야간 통행 금지 해제
- 1982년 3월, 프로야구 출범
- 1982년 3월, 부산 미문화원 방화 사건 발생
- 1982년 9월, 전두환 정권 녹화사업, 정권 비판 청년 강제 징집, 가혹 행위 자행
- 1983년 6월, 이산가족 찾기 방송
- 1985년 2월, 총선에서 야당 돌풍
- 1985년 3월 소련, 고르바초프 공산당 서기장에 취임
- 1986년 4월 소련, 체르노빌 원자력 발전소 방사능 누출 사고 발생
- 1986년 7월, 부천경찰서 성고문 사건 발생
- 1986년 9월, 보도지침 사건 발생
- 1987년 1월, 박종철 고문 치사 사건 발생
- 1987년 4월 전두환, 민주화 요구 거부, 개헌 거부
- 1987년 6월, 6월 민주 항쟁
- 1987년 7월~9월, 노동자 대투쟁 전개
- 1988년 2월, 대한민국 13대 노태우 대통령 취임
- 1988년 4월, 총선에 야당 다수 의석 차지 여소야대 국회 형성
- 1988년 9월, 제24회 서울 올림픽 개최
- 1989년 5월, 전교조 결성
- 1989년 6월 중국, 제2 톈안먼 사건 발발
- 1990년 1월, 3당 합당

제5공화국 / 제6공화국

세계사

- 대통령 닉슨, 건으로 물러남
- 1975년 4월, 베트남 전쟁 종전
- 4월 미국 빌 게이츠, 마이크로소프트 설립
- 1976년 4월 미국, 스티브 잡스, 스티브 워즈니악, 애플컴퓨터사 설립
- 1976년 7월, 미국 무인 우주 탐사선 바이킹 1호 화성 착륙
- 1978년 7월 영국, 세계 최초 시험관 아기 출생
- 1980년 9월, 이란·이라크 전쟁
- 1981년 1월 미국, 영화배우 출신 레이건 대통령 취임
- 1981년 4월 미국, 우주 왕복선 컬럼비아 호 발사
- 1981년 6월 미국, 최초의 에이즈 환자 발견
- 1982년 6월 미국, 공상 과학 영화 〈E.T〉 개봉
- 1983년 10월, 아웅산 묘소 폭파 암살 사건 발생
- 1986년 12월 베트남, 도이머이(개혁 정책) 정책 선언, 시장 경제 도입, 경제 개방
- 1987년 11월, 대한항공 여객기 폭파 사건 발생
- 1988년 7월 삼성전자, 국내 최초 휴대전화 생산
- 1989년 동유럽 공산당 정권 붕괴
- 1989년 11월 독일, 분단 상징 베를린 장벽 철거
- 1990년 10월 독일 통일

전두환 정권은 체포와 구속, 고문 등 폭력으로 국민들을 억압했어. 그러나 민주주의에 대한 국민들의 열망은 꺼지지 않았지. 대학생들은 전두환 정권의 광주 학살을 비롯해 갖가지 비민주적 행태를 알리기 위해 거리로 나섰어.

그리고 야당과 사회단체는 전두환의 지지자들이 뽑는 간접 선거를 국민들이 직접 뽑는 직접 선거, 즉 직선제로 선거 제도를 바꾸자고 주장했단다.

대학생을 비롯한 많은 국민들도 직선제로 선거 제도를 바꿀 것을 요구했어. 하지만 전두환은 기존 선거 제도를 고수했지. 그러면서 체포, 구금, 고문으로 반대 세력을 더욱 강하게 탄압했어.

그러던 중 서울대 대학생 박종철이 물고문을 받다가 사망하는 사건이 발생했어. 전두환 정권에 대한 국민들의 분노는 마침내 폭발하게 되었지. 대학생뿐만 아니라 시민들까지 거리 시위에 나섰어. 4 · 19 혁명 때와 같이 시민들은 독재 정권의 폭력에 물러서지 않았던 거야.

폭력 진압에도 물러서지 않는 시민들의 요구에 전두환은 직선제 개헌을 받아들였어. 이것은 군사 독재 정권에 대한 국민의 승리였고, 4 · 19 혁명에 이어 국민의 힘으로 정권을 교체한 역사적 사건이었단다.

국민들 신군부에 대항하는 시위 벌임 → 비상 계엄 전국 확대 시위 무력 진압 → 광주 계엄령 중단과 민주주의 요구 시위 격화 → 신군부 공수부대 투입 살인 등 폭력적으로 시위 진압 → 시민군 조직 공수부대에 저항 → 공수부대 전남도청 시민군을 살해 → 수백 명의 희생자 발생 → 신군부 광주 민주화 운동이 북한 배후라며 왜곡 → 진상 규명 투쟁 과정에서 광주의 진실 밝혀짐 → 이후 민주화 운동의 정신적 토대가 됨

6월 민주 항쟁의 전개 과정

광주 민주화 운동 폭력 진압 등 신군부에 대한 비판 확산 → 비민주적 정권 퇴진 운동 확산 → 비민주적 체육관 간접 선거 비판 직선제 요구 → 박종철 고문 치사 사건 발생 → 진상 규명과 직선제 개헌 요구 시위 확산 → 전두환, 4.13 호헌 조치 개헌 거부 → 이한열 사망 사건 시위 전국적 확산 → 6.29 선언 대통령 직선제 개헌 받아들임 → 국민이 직접 투표로 대통령을 뽑는 직선제 시행

1993 1994 1995

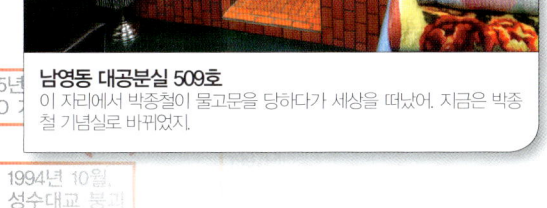

1991년 12월, 소련 해체

1992년 8월, 중국과 국교 수립

년 12월, 기본합의서 체결

년 9월, 한 UN 동시 가입

0년 9월, 과 수립

1993년 8월, 금융실명제 실시

1993년 2월, 대한민국 14대 김영삼 대통령 취임

1995년 WTO

1994년 10월, 성수대교 붕괴

1995년 6월, 지방자치제

1995년 민주노

김영삼 정부(문민정부)

년 8월 김학순, 부 피해 최초 증언

1994년 7월 북한, 김일성 주석 사망

92년 1월, 일본군 안부 수요집회 시작

1995년 1월, WTO 출범

1992년 4월 미국 로스앤젤레스, 흑인 폭동 발생

1993년 11월, 유럽연합(EU) 출범

1994년 5월 남아프리카 공화국, 넬슨 만델라 최초 흑인 대통령 취임

년 8월, 전쟁 발발

91년 8월 스위스 제네바 럽 원자핵공동연구소, 드와이드웹(WWW) 개발

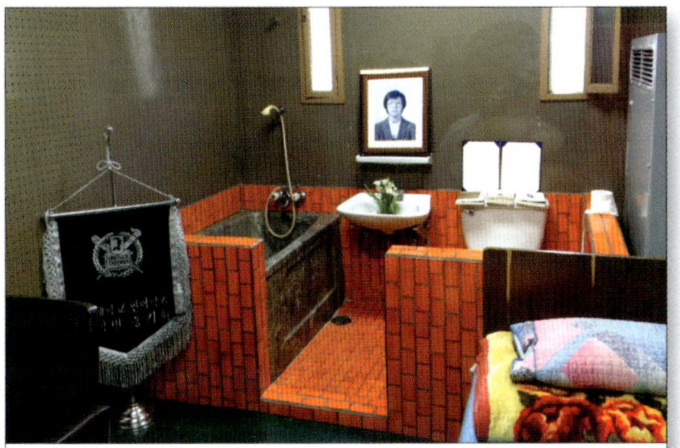

남영동 대공분실 509호
이 자리에서 박종철이 물고문을 당하다가 세상을 떠났어. 지금은 박종철 기념실로 바뀌었지.

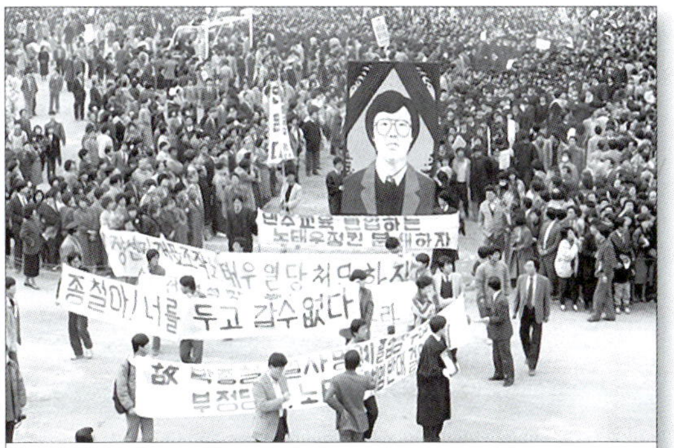

박종철 영정 사진을 들고 행진하는 학생들
박종철이 고문에 의해 죽었다는 소식이 전해지자 학생들과 시민들의 분노는 점점 더 커져 갔어.

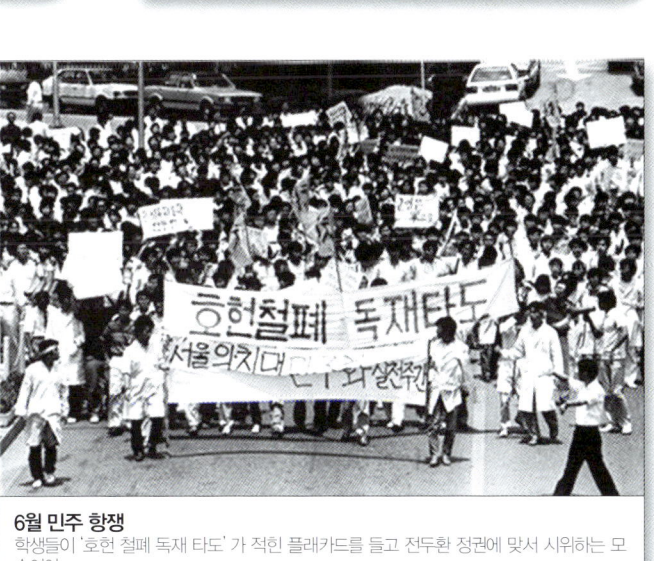

6월 민주 항쟁
학생들이 '호헌 철폐 독재 타도'가 적힌 플래카드를 들고 전두환 정권에 맞서 시위하는 모습이야.

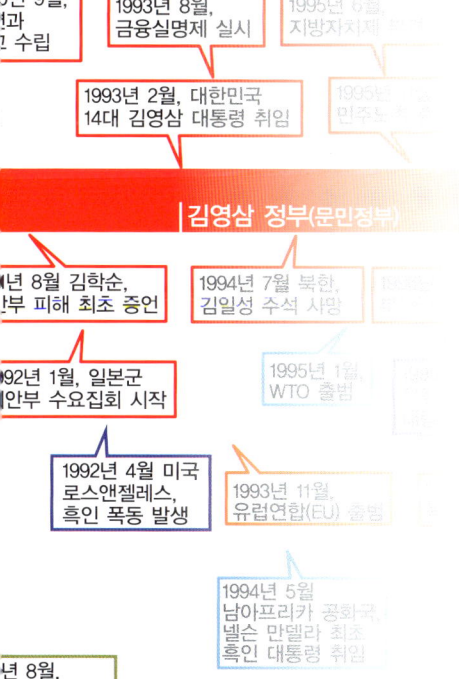

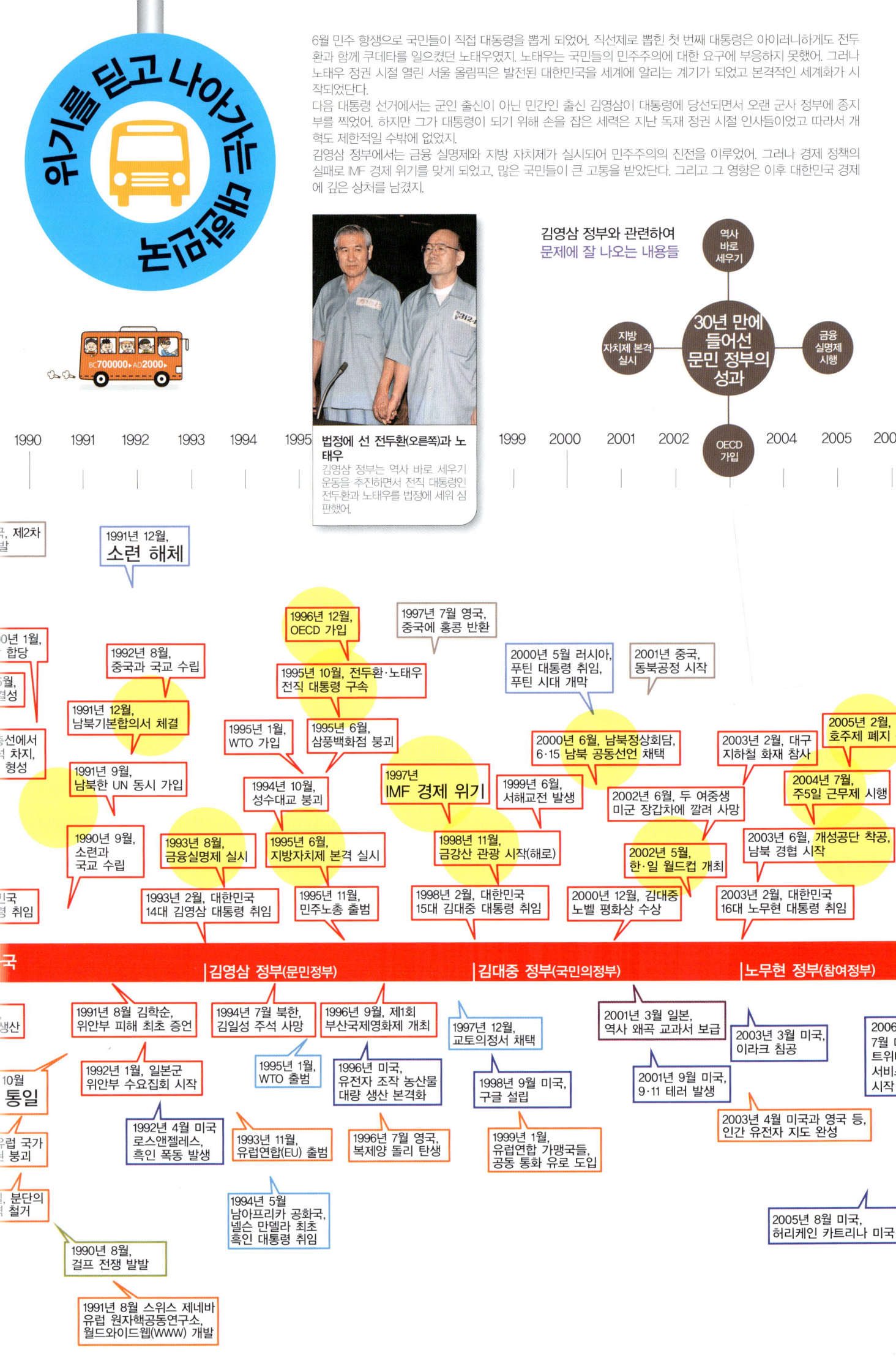